帝王传记

汉武帝传

雄才大略

王书熙 著

读懂阳谋
洞察人性

哈尔滨出版社
HARBIN PUBLISHING HOUSE

图书在版编目 (CIP) 数据

雄才大略：汉武帝传 / 王书熙著 . -- 哈尔滨：哈尔滨出版社, 2025.2. -- ISBN 978-7-5484-8099-0

Ⅰ . K827=341

中国国家版本馆 CIP 数据核字第 202408HB42 号

书　　名：雄才大略：汉武帝传
XIONGCAI DALÜE:HAN WUDI ZHUAN

作　　者：王书熙　著
责任编辑：李维娜
封面设计：于　芳
内文排版：博越创想

出版发行：哈尔滨出版社（Harbin Publishing House）
社　　址：哈尔滨市香坊区泰山路 82-9 号　　邮编：150090
经　　销：全国新华书店
印　　刷：三河市刚利印务有限公司
网　　址：www.hrbcbs.com
E-mail：hrbcbs@yeah.net
编辑版权热线：（0451）87900271　87900272
销售热线：（0451）87900202　87900203

开　　本：710mm×1000mm　1/16　　印张：16　　字数：185 千字
版　　次：2025 年 2 月第 1 版
印　　次：2025 年 2 月第 1 次印刷
书　　号：ISBN 978-7-5484-8099-0
定　　价：45.00 元

凡购本社图书发现印装错误，请与本社印制部联系调换。
服务热线：（0451）87900279

前言

在中国历代帝王中，汉武帝刘彻堪称前无古人后无来者的一位皇帝。他开疆拓土，击溃匈奴帝国，东臣朝鲜，南服百越，奠定了中华疆域版图的基础。

"英雄风流不尽数，刀马所至皆汉土。"汉朝的辉煌，表现在外交方面，汉武帝一改汉朝初年的求和政策，主动出击。他派卫青、霍去病数次征伐匈奴，保障了北方经济文化的发展。他彻底消灭了夜郎国、南越政权，在西南先后建立了七郡，使今天的两广地区自秦朝后重归中国版图。同时他派张骞出使西域，打通了丝绸之路，巩固了对西域的统治，并推动了中西经济文化的交流。在东方，他派兵灭卫氏朝鲜，设置乐浪、玄菟、临屯、真番四郡。

汉武帝的东征西讨，大大开拓了中华帝国的疆土，从闽粤琼崖直到川黔滇，从于阗阿尔泰到黑吉辽，汉朝已经勾勒出日后两千年中华帝国的基本轮廓。这个帝国的影响力前所未有之广大，由咸海、葱岭、兴都库什山脉到朝鲜半岛；由贝加尔湖到印度支那，全部扩展成为汉文化影响所覆盖的一个文化圈。

汉武帝将封建的专制统治上升到一个新的高度，采取了一系列强化中央集权的措施。政治方面，首先颁行"推恩令"，令诸侯王多分封子弟为侯，使王国封地被分割，以进一步削弱诸侯王国势力；其次建立中朝削弱相权，巩固了皇权的神圣地位；再次设置十三部刺史，加强了对地方的控制。军事方面，主要是集中兵权，充实中央的军事力量。经济方面，整顿财政，颁布"算缗令""告缗令"，向商人征收资产税，打击富商大贾；采纳桑弘羊的建议，将冶铁、煮盐之事均收归官府管理，禁止郡国铸钱，设置平准官、均输官，由官府经营运输和贸易，大大增强了国家的经济实力。同时兴修水利，移民西北屯田，实行"代田法"，有利于农业生产的发展。思想方面，采纳董仲舒的建议，罢黜百家，独尊儒术，使儒学成为当时社会的统治思想，对后世中国的政治、文化产生了深远的影响。

汉初七十年的历史，是社会经济从凋敝走向恢复和发展的历史，也是中央集权逐步战胜地方割据的历史。在经济繁荣与政治巩固的基础上，汉武帝推动西汉进入全盛时期。

更难能可贵的是，汉武帝能够以诏书的形式向全国民众承认自己的错误。汉武帝执政晚期，政府连年对匈奴和西域用兵，并且举行封禅、祀神求仙，挥霍无度，加之徭役加重，捐税增高，致使大量农民破产流亡。汉武帝意识到这点之后，在轮台颁下《轮台罪己诏》："朕即位以来，所为狂悖，使天下愁苦，不可追悔。自今事有伤害百姓，糜费天下者，悉罢之！"以承认自己的错误。《轮台罪己诏》的颁布，彰显了一个伟大帝王的政治胸怀和战略眼光，汉武帝毫无疑问是人生的胜利者和盛世的创造者。

在汉武帝时期，"汉族"还成为中华民族的自称，这是汉武帝将秦始皇开创的统一盛世变成了不朽功业，是汉武帝留给中华民族最伟大的文化遗产之一。

历史伟人无法描画，也难以用常规的标准来衡量。千载之后，我们也只能通过回忆汉武帝时期的帝国之雄威、版图之辽阔，来想象汉武帝包容四海的坦荡胸怀与傲视天下的凛凛霸气。

目录

第一章 真命天子 001

- 第一节 文景遗产 002
- 第二节 意外登基 008
- 第三节 大器早成 016

第二章 威强睿德 021

- 第一节 天人三诏 022
- 第二节 裁抑相权 032
- 第三节 内朝制度 038
- 第四节 打击豪强 047
- 第五节 改革军制 054
- 第六节 削藩 066

第三章 文治 077

- 第一节 尊儒 078
- 第二节 唯才是举 081
- 第三节 整顿吏治 090
- 第四节 兴修水利 100
- 第五节 经济天才 109

第四章 武功 127

- 第一节 马踏匈奴 128
- 第二节 广开三边 139
- 第三节 经营西域 156
- 第四节 张骞出使 171

第五章 功越百王 179

第一节 皇权天授 180

第二节 王道仁政 188

第三节 爱民恤物 192

第六章 晚年改过 205

第一节 争论 206

第二节 穷奢极欲 217

第三节 轮台诏 224

第七章 顾托得人 233

第一节 巫蛊之祸 234

第二节 立子杀母 241

第三节 霍光辅政 244

第一章

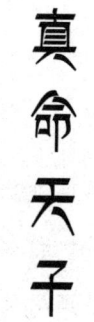

真命天子

第一节　文景遗产

汉武帝接手汉政权时，整个社会是一个"中外皆安，公私富溢"的盛世之局。作为这笔遗产的继承者，他可比汉高祖刘邦幸运多了，因为他所继承的不单单是物质遗产，还有约法省禁、休养生息、学术开明等优良的政策传统所产生的精神遗产。有了有形资产与无形资产的双重辅助，他的统治必然会从胜利走向更大的胜利。即使在政策选择上犯下了严重的错误，人心也不易离散，汉王朝才得以维系不亡的国运，生生不息。

自汉高祖刘邦起，汉初的几代皇帝都把秦朝的灭亡教训作为前车之鉴，引以为戒。

统一天下的秦始皇确立了至高无上的皇权统治，独揽大权，严格控制政治、经济、军事、学术、思想、文化等领域，"专任刑罚"，同时还确定了"二世三世至于万世，传之无穷"的世袭制，以维护家族统治。

秦始皇死后，二世继位，仍以辅助秦始皇的李斯为丞相。李斯与韩非同是法家学派的代表，他在给秦二世的上疏《行督责书》中鼓吹"明申、韩之术，而修商君之法"，实行"明君独断""独制于天下而无所制""独操主术""独擅天下之利"的"帝道"，实施轻罪重罚的刑政，极力维护天子的专权统治。

秦二世以《行督责书》作为自己治国理政的指导思想，仍然继续着秦始皇的"繁刑严诛，吏治刻深"，这样怎么能治理好国家？

刘邦也想到这一点：国家不是一个空架子，不能没有人民的支持。有土地更要有人，只有这样才能称得上是国家。况且，这么大的政府机构，没有人民的赋税怎么能维持下去呢？汉朝要想稳定，必须恢复经济。而要恢复经济、保证赋税来源，那首先就得收揽人心、招抚流民、发展生产。

如果施行秦朝的强征暴敛，那自己的统治必将同二世一样，昙花一现、迅速灭亡。看来，只有"因民之疾秦法，顺流与更始"，即顺应人民的愿望与要求，摒弃秦朝的严刑苛法，实行新的统治政策。但是，说是这么说，要真做起来，又该如何呢？这真叫刘邦等人伤神。

汉初的君臣们都有一个共同特点——起于草莽。他们大多深受秦朝政治之害，不得已才铤而走险、取而代之，他们在感情上厌恶和排斥秦朝政治。可是这些人大多又是秦王朝的中下层官吏，刘邦是亭长，萧何是县主吏掾，曹参是县狱掾，叔孙通是待诏博士，周昌是卒史，任敖是狱吏。可以说，他们在执行秦法的同时，又深受秦法的迫害，最后忍无可忍才造反。刘邦等人揭竿而起，占领了长安城之后，刘邦做了皇帝，但他们的脑子里仍有许多秦朝时留下的东西，如秦朝的制度、秦朝的律法。这些复杂的经历决定了他们复杂而又矛盾的政治特征，即在思想上抵制秦制，在行为上延续秦制。后来，叔孙通在秦制的基础上增减删除，制定出汉朝的宫廷礼仪制度。制度虽然不完善，但是对这群草莽英雄来说，已经十分不错了。作为最高统治者的刘邦，对此极为赞赏。

经过长年的秦末战乱，汉高祖刘邦接手的是残破不堪的社会局面，稀稀落落的民户、民不聊生："天下苦秦久矣""民失作业，而大饥馑。凡米石五千，人相食，死者过半"。当然还有不少流亡山泽者，田地大片大片地荒芜，经济萧条，就连"富有四海"的天子都没有四匹同一种颜色的马可驾乘。

劫后余生的老百姓对秦朝的暴政恨之入骨，可是自己又没有能力拯救国家。新政权建立的时候，他们翘首以盼，期待新的君主能制定出利国利民的新政策、新法规，自己能够过上好日子。

汉初君臣多为楚人，从小就接受楚文化的熏陶。而楚文化的典范之作就是黄老之学，这无形之中便对他们的思想形成了一种影响。

黄老之学纵有流变，但其思想本质还是一致的，那就是主张君主应无为而治。汉初的君臣实行无为而治的新政策也是可想而知的了。

君臣都休息无为，"从民之欲而不扰乱"，这种貌似无为而治的政治策略的高超之处，就在于无为而无所不为。高后称制，政不出房户，惠帝垂拱而已，委政萧、曹二相。他们仍是蠲削烦苛，约法省禁。

惠帝四年（公元前191年），"省法令妨吏民者，除挟书律"。高后元年（公元前187年），废除三族罪、妖言令。文、景二帝守之勿失，也多省刑之举。特别是文帝，躬修俭节，思安百姓。文帝元年（公元前179年）尽除收孥相坐律令；文帝二年（公元前178年）废除诽谤妖言法；文帝十三年（公元前167年）又废除肉刑、宫刑。且所用将相皆为旧臣，这些人质朴而厌恶秦政，为人宽厚而耻言人之过失。这种开明的政治格局，最终使得"事少政宽，天下晏然"。

无为而治在经济中的体现就是休养生息，即"便万民之利"，具体措施便是招抚流亡，开放公田，轻徭薄赋，扶持工商业。高祖六年（公元前201年），刘邦下诏"复故爵田宅令"，意在招流亡之民回籍，民以饥饿自卖为人奴婢的都免为庶人，这样一来，身为奴隶的劳动力又重新置于国家的直接控制之下。

汉高祖开放秦苑囿池，与民耕种，通过此种方式来扩大赋税者的范围。实行十五税一，彻底改变了"赋敛无度""收泰半之赋"的秦末赋制，建立起一套新的赋税法规。到了后来惠帝、文帝、景帝，皆务农息民，务劝农桑。文帝减免田租之举，沿至景帝二年（公元前155年），明确规定了三十税一为汉代的田租制。文帝又改民算赋百二十为四十，丁男徭役减为"三年而一事"。

无为而治不仅涉及农业，对工商业的影响也是巨大的。"孝惠、高后时，复弛商贾之律"；文帝后元元年（公元前163年），弛山泽之禁。种种举措，都为工商业制造者创造出一种更为宽松的政策环境。

最终，汉初的无为而治取得了巨大的成功。民间曾流传许多歌谣来称赞丞相萧、曹治理天下，宽厚清静，百姓安宁。史称汉初"官吏循良，安其职守，民务稼穑，人乐其业"。

无为而治首次创造了一种与前朝皆为不同的政通人和的局面。政治稳定，社会安宁，经济繁荣并迅速发展。东汉的应劭称文帝"劝农耕桑，务民之本。即位十余年五谷丰熟，百姓足，仓廪实，蓄积有余"。

由于汉初统治者实行无为而治的政策，整个社会的农业生产水平达到了相当的高度，平均每个劳动力年产粮2000斤，每个农业人口每年口粮486斤，全国每人每年占有粮食640斤。（该组数据引自《光明时及》1979年4月10日刊登的《汉代农业生产漫谈》一文）仅仅如此还不够，面对丰富的农产品，汉朝政府又实行低物价政策。谷价石钱三十，高不过百余，栗价低劣石钱十余。这使得汉朝的商业更加繁荣，在国内形成了统一的市场，富商大贾周流天下，所有物资都可投入流通。

经济繁荣促使农业、手工业、商业等都得到全面的发展，社会空前的安定团结，人口也随着经济的繁荣、社会的稳定而增多，城市又恢复了往昔一派祥和的景象。据《史记·高祖功臣侯者年表》载：

> "天下初定,故大城名都散亡,户口可得而数者十二三,是以大侯不过万家,小者五六百户。后数世,民咸归乡里,户益息,萧、曹、绛、灌之属或至四万,小侯自倍,富厚如之。"

萧何被封酂原实封食邑8000户,曹参被封平阳侯食邑10630户,灌婴被封颍阴侯食邑5000户,户增至40000,都达到了原来的二倍余至四倍之多。可见汉初人口增长速度之快。

西汉时期的天下名城,如燕地的涿县(今河北涿州)、蓟县(今北京市西南),赵地的邯郸(今河北邯郸),魏地的温县(今河南温县西南)、轵县(今河南济源南),韩地的荥阳(今河南郑州西部),齐地的临淄(今山东淄博市内),楚地的宛县(今河南南阳)、陈(今河南淮阳),郑地的阳翟(今河南禹州市),处在三川(东周以伊水、洛水、黄河为三川)的二周(东周公的封地巩县和西周公的封地洛阳)等,都在文景之治时期开始复兴。城市物丰民富,具有相当的规模。其中,长安城的规模最为宏大,比当时西方的罗马城还大上三倍之多。长安城外的殷富大都,也是四通八达、商人云集,可见当时的商业十分发达。

人心思定,经济繁荣,社会物质财富基础雄厚,最终影响到国家的上层建筑,民风也得到了相应的改变。"仓廪实,而知礼节,衣食足,而知荣辱",据《汉书·景帝纪》载:

> "汉兴,扫除烦苛,与民休息。至于孝文,加之以恭俭,孝景遵业,五六十载之间,至于移风易俗,黎民醇厚。"

学术论坛在这一时期也随着经济的活跃而逐渐繁荣起来,形成了一种浓厚的学术氛围。这种浓厚的文化氛围造就了一大批学术文化人物，如：文景时有道家河上丈人、盖公、黄生等，阴阳家张苍、公孙臣等，经学家浮丘伯、申公、韩婴、高堂生、田何等，纵横家蒯通等，思想家陆贾，政论家、文学家贾谊，文学家枚乘等。当然还有汉武帝时期的哲学家、史学家司马谈，教育家、思想家、政治家董仲舒，文学家司马相如等，以及在汉武帝统治期间极为活跃的严助、严安、主父偃、朱买臣等文学侍从名臣，实际上都是"文景之治"所培育的，史称"枚乘、邹阳、严夫子之徒，兴于文、景之际"。

文化的发展反过来促进经济的发展、政治的稳固及社会的安定。百姓对政府的种种利民措施十分满意。当时，官府颁诏令，"民虽老羸癃疾，扶杖而往听之"，可见当时的汉政府已经笼络住了百姓之心。在这种安定祥和的环境下，谁还有心思造反呢？因此，也就有了"汉兴，孝文施大德，天下怀安"的景象。

文景之治把汉初黄老无为而治的思想推向了一个新的高峰。汉文帝、汉景帝继续实行休养生息的养民政策，统治者无为而治，老百姓安居乐业，创立下了很高的物质精神文明，最终使得天下形成社会安定、政治开明、经济繁荣和文化复兴的局面。

第二节　意外登基

汉武帝刘彻原名叫刘彘，立为太子后被景帝改为刘彻，他本来是当不上皇帝的，按照中国传统立太子以贵不以长、立嫡以长不以贤的继承法，排名第十、又是庶出之子的他想当皇帝，本是无望的。年幼无知的刘彘顶多觉得当皇帝好玩，并没有去刻意地追逐皇权，但他的母亲王夫人和后来成为他岳母的长公主一次次成功地运作，终于使刘彘一步步登上了皇帝的宝座，刘彘在宫廷皇储竞争中，得到了皇位继承权。

汉朝时期的统治者十分重视预立皇储，他们认为皇储是国家的根本，天下之命，悬于太子。秦朝之所以灭亡，就是不肯早立扶苏为皇位继承人，才被赵高等小人篡权夺位。因此，汉朝的统治者们确立了预立太子的制度。

预立太子的制度虽然已经确立，但眼下又出现一个更为棘手的问题，那就是在众多的皇子中究竟该选谁做储君呢？皇子各自的母族集团都"望子成龙"，盼望自己的儿子能够潜龙升天。不仅如此，还有一大群皇子的师傅们也都跃跃欲试，渴望自己的学生能够早登庙堂，自己当上佐命之臣。宫中围绕立储问题明争暗斗，乃至无情地自相残杀。这种争斗又总是波及外廷时局，造成政局动乱。

封建统治者们为了维持国家各个部门的正常运转，皇族内部及上层统治集团的平衡，甚至是皇权和政权的稳定，必须想出一个万全之计，以解决皇位在交接时可能会发生的种种问题。在预立皇储的同时，规定嫡长子要拥有皇储的继承权。这种建立在"立子以贵，立嫡以长"基础上的继承法，既能确保皇权的稳固，又可避免皇储争夺所带来的种种问题。

嫡长子继承制是一种行之有效的办法，在实施过程中，能够减少纷争，避免各种意想不到的麻烦与障碍。嫡长子的皇储资格规定当权者必须按照"预立太子所以重宗庙社稷不忘天下也"的原则来行使权力，这是一种皇家内部的家法，也是一种严格的国家公法，不论从制度上还是情理上，皇帝个人都必须遵守嫡长继承制，绝不允许因个人的喜好而另行选择皇储。

一般来说，在正常情况下嫡长子具有皇储资格，只有在嫡长子夭折或被废黜后，其他皇子才能拥有进入皇储候选序列的可能，他们的皇储资格是隐性的。通常情况下，他们想当皇帝简直是不可能的，踏踏实实做自己的王爷就好了。

这种嫡长子继承制，在汉朝政治制度中还具有一定的宗法性。嫡长子继承法在汉朝初期具有相当的权威性与严肃性，汉高祖刘邦曾出于私意想废太子刘盈，改立庶出的小儿子赵王如意，可是在叔孙通强硬阻拦和积极劝谏下，高祖才意识到事情的严重性，他马上收回成命。

到景帝即位时，由于薄皇后无子，因此皇储的继承人也就只能从庶出皇子中选立。景帝生十四庶子：栗姬生临江王刘荣、河间王刘德、临江哀王刘阏于；程姬生鲁恭王刘余、江都易王刘非、胶西于王刘端；贾夫人生赵敬肃王刘彭祖、中山靖王刘胜；唐姬生长沙定王刘发；王夫人生广川惠王刘越、胶东康王刘寄、清河哀王刘乘、常山宪王刘舜；王夫人生刘彘，刘彘排行第十。

既然没有嫡子，又未定储位，这时的十四个庶出皇子的皇储候选资格就由隐性转化为显性了。他们每个人都有继承皇储的可能，这里同样潜伏着夺储纷争的危险。

按照嫡长继承法以长不以贤的原则，庶出诸子相互之间并没有嫡庶贵贱的差别，有的只是年龄的差别。为了避免纷争，还是按照年龄大小的原则来选立皇储。由于栗姬所生的刘荣年龄最长，因此景帝四年（公元前153年）四月，立刘荣为皇太子，史称栗太子，并按照当时的封建传统将年仅4岁的刘彘封为胶东王。

刘彘王爷的名分已经定了，他就应该没什么其他指望了，但是，命运总是跟人开玩笑，皇帝也不例外。

秦汉君主内部制度结构自相矛盾，皇帝拥有至高无上的权力，当然这也包括立储权，尽管这与嫡长继承制相违背，但这却是一个实实在在的历史现象。这样一来，即使在储君地位已经确立的情况下，也仍然会发生夺储的斗争。各皇子集团之间又要各显神通争夺太子之位了。

刘彘的生母王夫人，扶风郡槐里（今陕西兴平市）人，平民王仲之女。王仲之妻臧儿，乃是燕王臧荼的孙女，她曾生有一男两女，长女娡就是刘彘的生母。丈夫王仲死后，臧儿带着这几个儿女，改嫁长陵（今陕西咸阳市）田氏，又生男蚡、胜。长女娡嫁给了金王孙为妻，生一女名为俗。母亲臧儿有一天让人算卦，卜者说她的这两个女儿今后都能很贵显。臧儿心想金王孙只不过一介平民，有何贵显？于是竟硬生生地把长女娡又从金王孙那里夺了回来，随后长女娡被送入了皇太子刘启的宫中。刘启后来即位，当了皇帝，史称景帝。景帝对娡十分宠爱，先是封她为美人，不久后又册封她为夫人，这样长女娡便成了王夫人。

王夫人与景帝生得三女一男，长女平阳公主，次女南宫公主，三女隆虑公主，而这唯一的一个男孩就是彘。据《史记·外戚世家》中记载，王夫人怀彘时，曾梦见过太阳投入她的怀中。王夫人还把这个梦告诉了当时还在做太子的刘启。可是《汉武帝内传》则说刘启是做景帝之后，"梦神女捧日以授王夫人，夫人吞之，十四月而生武帝"。两者所说如此歧异，究竟是谁的证据可靠一些呢？其实这都是不可信的，《汉武帝内传》乃是魏晋人托名班固而撰写的，原文多为怪诞神异。说彻孕十四月而生，本身就违反生育常理，再说刘启为太子时，王夫人还尚未孕彘呢，怎么可说捧日而孕呢？

这个荒诞的梦很有可能是王夫人怀孕时，甚至是在生了彘之后，编造给景帝听的，其用意是想暗示景帝她所生的如果是儿子，那一定是真命天子，为自己的儿子制造当选皇储的有利舆论罢了。《汉武帝内传》评价王夫人，说她是一个工于心计、很有远见的女人。果然，她的这一计策引起了景帝刘启的重视，刘启当时觉得此乃吉祥之兆，心想这个孩子今后绝非等闲之辈，连说："此乃贵征啊，贵征！"

皇家信奉皇权"天"授，当然更讲究天命这一学说。梦日入怀的"贵征"自然也就成为刘彘后来被景帝选为太子的因素之一。

景帝做太子时，由文帝母薄太后做主，娶她的娘家侄女为妃。景帝即位后，又立薄妃为后，后因薄后无生育能力而失宠。至景帝二年（公元前155年）四月，薄太皇太后过世，薄后失去了靠山。景帝六年（公元前151年）九月，薄后被废。于是，后位出缺，皇储争夺战又与后位争夺战交织混杂在了一起。

栗姬原本是最受景帝宠爱的妃子，她又是太子荣的生母，所以按照次序理应立为皇后才对。景帝也是这样想的，在他生病之时曾嘱咐栗姬，我死后，你要好好照看诸皇子。立她为后的意思已经说得很明白了，可是栗姬胸襟狭窄，妒心太重，多怒多怨，还出言不逊，惹得景帝很不高兴，只得把立后的事往后推。最后栗姬失去了景帝的宠幸，错过了当选皇后的最好机会，她开始愈加怨恨起景帝来。

景帝有个同母姐姐馆陶公主嫖，称为长公主。长公主在景帝内宫围绕争后争储的斗争中，起到了关键的作用。

嫖下嫁给功臣陈婴之孙堂邑侯陈午为妻。窦太后非常宠爱这个独生女儿，临死前曾遗诏把东宫的所有财产全部赏赐给长公主。长公主常常出入宫闱，与景帝关系也很是亲密，景帝对她所说的话很上心。基于这两点，长公主在宫廷中很有势力，后宫的姬妾们也经常巴结她，希望她在景帝面前能为自己美言几句。

长公主有一个女儿，名叫阿娇。她希望自己的女儿将来能做皇后，就想把阿娇嫁给太子刘荣，于是派人上门与刘荣母栗姬说亲事。可是栗姬气量小、心胸窄，她怨恨长公主经常给景帝介绍美女，分夺了景帝对自己的宠爱，她断然拒绝了这门亲事。从此，长公主与栗姬结下了恶怨，她开始重新策划女儿的未来。最后，她看中了王夫人之子刘彻。当她向王夫人提亲事时，心明眼亮的王夫人怎会放过这等好事，别人想巴结这门亲事还巴结不上呢，现在倒好，自己送上门来了。王夫人的喜悦之情溢于言表，当即答应了这门亲事。

可景帝对这门亲事却不是太满意，他认为，阿娇比刘彘大好几岁，并不是很般配。长公主便略施小计，有一天当着汉景帝的面问刘彘，"儿想娶个媳妇吗？"刘彘答："想。"长公主左右常有侍女百余，她把她们一一指着问刘彘，刘彘都说不喜欢。最后长公主指着自己的女儿问他"阿娇好不好？"小小的刘彘这才笑着说："好！如果能娶阿娇为妻，我一定要造一所金屋子给她。"引得大家都笑起来。汉景帝从中看到了刘彘的聪明伶俐，这才同意了这门亲事，"金屋藏娇"

的故事就是由此而来的。

从此，长公主积极活动，推动景帝立王夫人为后，立刘彻为储君。她经常向景帝称赞刘彻，诋毁栗姬，说她挟邪媚道，如果她做了皇后，悲惨的"人彘"事件难免不会重现。景帝认为事实确是如此，同时也不得不承认王夫人贤惠，刘彻又很聪明伶俐，于是，又自然地想起了旧日王夫人怀孕时的"贵征"。

汉朝宫中的美人甚多，受景帝宠爱的又岂止栗姬一个人。况且，立皇后又牵涉到储君的问题，储君不能轻易改动，再加上窦太后的内侄、太子太傅窦婴极力反对易储，立谁为后的问题一直搁置下来。

王夫人也并非庸人，为了争得正位中宫，用了一招离间计，使得景帝与栗姬的最后一点恩爱都没有了。

当王夫人得知栗姬失宠后，她便暗中指使人挑唆大行去向景帝建议，册立栗姬为皇后。大行的主要职责，就是掌管宾客之礼，他认为此事责无旁贷，于是想都没想，就向景帝禀奏了此事。他说："'子以母贵，母以子贵'，今太子母应宜号为皇后。"景帝以为是栗姬让他来奏的本，于是怒气大发，当众厉声斥责大行，为了杀鸡儆猴，大行竟然成了皇权争夺的刀下冤魂。景帝也因此拿定了主意，在景帝七年（公元前150年）正月，不顾太尉周亚夫、太子太傅窦婴的反对，废太子刘荣为临江王。

栗姬没当上皇后，还让儿子失去了储君之位，现在连景帝的面都见不上了，愈想愈怨，愈怨愈恨，最终含恨而死。

在争夺储位的第一回合中，太子刘荣由于母亲栗姬的过失而丢掉了储位，使得刘彻在母亲和姑母长公主的帮助下变被动为主动。现在储君之位出现空缺，刘彻又拥有了皇权储位的继承权，前进的路上，又露出了希望之光。

从当时的形势来看，可以说前途还算是光明，但道路却是比较曲折。原因是什么？原来还有一个强劲有力的皇储竞争人正在处心积虑地窥视着皇位。这就是景帝的同母兄弟、刘彘的叔父梁孝王刘武。

文帝生有四子：景帝、梁王刘武、代孝王刘参、梁怀王刘揖。景帝与刘武同为窦后所生。刘武原封代王，后改封淮阳王、梁王。窦太后极为喜爱这个小儿子，对他宠爱有加，恨不得景帝之后，便让他登基为帝。而景帝同样对这个弟弟感情颇深，经常是同辇进出，平起平坐，甚至在传位问题上，也曾不顾汉初父死子继的传统制度。

景帝三年（公元前154年），当时还未册立太子，一次家庭内部聚会上，景帝曾坦荡地对刘武说："在我千秋万岁之后，我一定把这皇帝的位子传给你，让你来大展宏图。"刘武表面上推辞，内心里却暗自欢喜，坐在旁边的窦太后看到兄弟的友爱也非常高兴。可是当时陪席的还有掌管皇后与太子家事的詹事窦婴，他当即敬酒谏阻说："今天下者，乃高皇帝的天下，汉初之约，父子相传。陛下怎么可以传位给梁王呢！"在场之人很是尴尬，窦太后也因此与侄儿窦婴结下了怨仇。窦婴本来就嫌官卑职轻，此事之后，他就告病离职，无心再为官了。后来窦太后又在准许出入皇宫殿门的名册上除去了窦婴的姓名，不许他参加朝会。梁王也因此更加骄横。

梁王刘武在政治上一直是野心勃勃，他恃宠骄奢，用天子旌旗车驾，出入皇宫如同皇帝，他还招揽四方豪杰，做弓弩兵器数十万。当立太子为储君之时，刘武曾心灰意冷，失去了对皇位的野心，可是太子一废，他又蠢蠢欲动起来。

窦太后提出让刘武为嗣，景帝向大臣们征求意见。大臣们都表示反对，甚至连辞官在家乡养病的大臣袁盎都从安陵（今陕西咸阳市）赶到长安进言纳谏。窦太后的议请未能被景帝接受，刘武自己又上书试探，毛遂自荐，求为储君，但同样遭到了袁盎等大臣的极力反对。

刘彘从小聪颖机智，一向受到景帝的喜爱，最后太子之位还是传给了他。据《太平广记》卷三引《汉武帝内传》中有载，汉武帝刘彘3岁时，景帝曾把他抱坐在膝问："儿愿意做天子吗？"刘彘回答："做天子，由天不由人。儿愿意每天居住在皇宫，在陛下面前戏耍。也不敢逸豫，以致失了天子道。"如此机警乖巧，怎能不讨景帝的欢心。在废栗太子的同年，景帝便立王夫人为皇后。过了不久，又立刘彘为皇太子。因刘彘"圣彻过人"，景帝又给他改名为"彻"。

景帝中元二年（公元前148年）三月，临江王刘荣因犯汉朝律法，畏罪自杀。同年夏天，梁王刘武由于竞争储位失败，怨恨袁盎等议臣，一气之下派刺客暗杀了袁盎和议臣等十余人。景帝查明案情，派田叔等为专使，追捕参与暗杀阴谋的梁王大臣羊胜、公孙诡，梁王为了杀人灭口，令羊胜、公孙诡自杀，景帝虽然没有拿到真凭实据，但是对梁孝王慢慢疏远了。后来，梁王虽然没有被治罪，但终因遭到冷落，最后郁郁寡欢，在景帝中元六年（公元前144年）抑郁而死。死后谥号梁孝王。

至此，对刘彻储君之位所有的威胁基本已告解除，刘彻终于可以踏踏实实地做皇太子了。

第三节 大器早成

纵观汉武帝的登基之路，表面上风平浪静，无惊无险，实际上背后却暗藏着各种杀机。他只有不断塑造自己，提高自己，才能在父皇的心中保持一个良好的印象，以巩固自己太子的地位。

刘彻小时候就表现出了过人的聪明才智，本来就为汉景帝所宠爱，这次被立为太子之后，景帝对他更是精心培养。

在景帝时期的汉宫廷之中，黄老气氛十分浓厚。汉初统治阶级视黄老之术为"帝王南面之术"，宫廷之中把它作为领导统治的必修课，据《史记·外戚世家》记载：

"窦太后好黄帝、老子言，（景）帝及太子、诸窦不得不读《黄帝》《老子》，尊其术。"

皇太子是国家的未来，整个民族的希望。因此，汉初统治集团极其重视对太子的教育。贾谊曾经说过："太子之善，在于早谕教与选左右……臣故曰选左右早谕教最急。夫教得而左右正，则太子正矣，太子正而天下定矣。"

黄老思想有一个最明显的特点，就是顺其自然，无为而治，出现了学术民主、诸学共存、百家并进的景象。刑名、儒家等各个学派在宫廷中都拥有不可低估的实力。尽管当时的黄老之学是汉初无为政治的指导思想，是朝廷中和社会上的主流思想。主后宫的窦太后又好黄老思想，不好儒术，菲薄《五经》，更不许人怀疑和贬视黄老思想。但在汉初黄老无为、各学派共存并进的前提下，儒家还是在不断地振兴发展。

好儒术的窦婴就当上了前太子刘荣的师傅。因此，儒生们希望刘荣能成为儒家在政治上的代表，帮助他们获得最终的儒学大行天下的思想宝座。而窦太后早在做皇后时，就曾命令宫中太子和皇子们研读黄老之书，尤其是梁孝王刘武从小就跟在母后身边，在母后的督促和熏陶下，思想倾向与窦太后一致，因此窦太后对他自然宠爱有加。而窦婴对太子刘荣大量灌输儒家之学这一举动，就不能不引起窦太后的警惕。

窦太后召来精通《诗经》的专家辕固生来对话，可谁知辕固生瞧不起黄老之学，竟然当着窦太后的面说老子的书是妇人之见、家人之言。这可把窦太后给气坏了，一气之下，罚他到兽圈里去打野猪。辕固生凶多吉少，幸亏景帝给了他一把快刀，这才使辕固生在与兽圈里的野猪搏斗时，能够一刀命中其要害，捡回一条性命。儒家思想对黄老之说的第一次挑战就算以失败告终了。

窦太后的儿子梁王刘武争储失败，她终究无法改变父死子继的皇位继承制度和传统，她的黄老之学没有了继承人。而前太子刘荣经窦婴的指点，表现出儒家思想的倾向，窦太后当然也不希望未来由他掌权。当刘荣之位被废了的时候，窦太后并没有否定景帝选择刘彘当太子的建议。原因很可能在于刘彘年龄尚小，可塑性还很强，日后还可培养，再加上爱女长公主的吹捧，窦太后自然也就同意了。

景帝学黄老之言，但也好刑名之学，向法家张欧学刑名，现在他要把太子刘彻培养成一个集百家之长的全面型人才，因此他给刘彻物色了一个儒学老师，这就是刘彻身边的左右侍从儒者卫绾。

卫绾是个全能型的学者，他上知天文，下晓地理，不仅精通儒学和文学，还懂得一套修车驾车的技术。他曾辅导过河间王刘德，使得刘德也成为一个具有真才实学的贤人学者。在平定"吴楚七国之乱"中，卫绾因指挥军队作战有功，被升为中尉，后来又被封为建陵侯。《汉书·卫绾传》说："上（景帝）既立胶东王为太子，召绾拜为太子太傅。"卫绾迁御史大夫后，王臧拜为太子少傅。王臧是申公弟子，也是儒者。这位独行儒学、能文能武的卫绾培养了刘彻六七年之久，这对刘彻的一生都产生了很大的影响。

幼年时期的刘彻因此接受了多种学术教育和学术民主的影响。从窦太后所创造的宫廷氛围中，受到了黄老之学的熏陶，又从父皇那里受到了刑名的启发，而自己的老师卫绾又系统地给他传授儒学之说。这样的宫廷生活和思想教育，对少年时期的武帝性格、气质、志趣的形成，产生了重大的影响，这无疑会使他的思想倾向和政治活动呈现出多元性。

刘彻被立为太子后，更是深得景帝的喜爱。有一次，景帝在宴请条侯周亚夫时，因席上无箸，周亚夫心中不悦，面现怨色，叫尚席取箸。坐在旁边的刘彻一直看着周亚夫，最后周亚夫被这小小的刘彻给看"毛"了，只好悻悻离席而去。周亚夫走后，景帝好奇地问刘彻："你为什么要这样盯着他啊？"刘彻答："此人可畏，日后必能作贼。"景帝笑道："看他如此怏怏不服，确实是不适合做少主的臣啊。"后来，因周亚夫儿子违法，他也受到了牵连。景帝命小吏先去质讯，周亚夫居功自傲，闭口不答。最后，气得景帝骂道："吾不用也！"随后改命廷尉拘审，周亚夫不甘受辱，在狱中绝食五日，吐血而死。这样一来，景帝就为刘彻除去了一个强悍难驭的大臣。

景帝中五年（公元前144年），在刘彻12岁这年，廷尉呈请景帝审理一件凶杀案，庶人防年因继母杀其生父，防年一怒之下杀了继母，而被廷尉以杀母律论处，判防年大逆罪。景帝觉得此判决不够准确，有失公允，他诏问刘彻，想看看刘彻对此如何看。刘彻分析说："继母与生母不同，儿女与生母存在着血统关系，而继母只是由于父亲娶她为妻，她的地位才如同生母罢了。防年的继母既然杀了防年的生父，他与继母就不存在母子的关系。理应按照一般的杀人案判罪，不应判大逆罪。"景帝觉得言之有理，命人把防年按一般杀人罪处罚，改判弃市。大臣们也都称赞刘彻判罚得当，从此对这乳臭未干的黄毛小儿另眼看待了。景帝因此对这个自己未来的继承人愈加器重了。

刘彻的少年时期属于早熟早慧，《汉武故事》载：

"少而聪明有智术，与官人、诸兄弟戏，善征其意而应之，大小皆得欢心。及在上前，恭敬应对，有如成人。"

既受景帝的器重，又讨得宫廷上下大小的欢心，刘彻的储位更加巩固了。

少年刘彻十分用功，他不仅刻苦学习儒学经典，而且还对骑射、文学产生了浓厚的兴趣。当他读到著名文学家枚乘的赋时，感慨万千，十分佩服枚乘的才华，并一直想亲眼见到枚乘本人，与之一谈。后来他做了皇帝，真的用安车蒲轮把枚乘接进京。武帝少年时期还跟随出生在匈奴的韩王信的后代韩嫣学习骑射。

王侯将相本无种，能者为之。汉武帝刘彻之所以能够在众多的皇储竞争者中脱颖而出，除了母系集团的帮助外，与他自身的努力也是分不开的。少年时期的刘彻就已经展现出了能文能武、有胆有识、思想活跃、心境开阔的优异性格，这一切为他未来的事业打下了坚实的基础。

第二章

威強睿德

第一节　天人三诏

文景之治的清静无为、休养生息，为汉武帝的对外扩张积聚了足够的财富和国力，同时，也让他名垂青史。

正如班固在《汉书》中多处提到的："高祖拨乱反正，文景务在养民，至于稽古礼文之事，犹多阙焉。""汉兴六十余载，海内艾安，府库充实，而四夷未宾，制度多阙。"同时，种种社会问题威胁着汉家的秩序，"于是罔疏而民富，役财骄溢，或至并兼豪党之徒以武断于乡曲。宗室有土，公卿大夫以下争于奢侈，室庐舆服僭上亡限"。

统一的国家需要高度统一的思想理论，非常之功必待非常之人，汉武帝应时而出了。

战国时期，诸子争鸣；秦用法治，二世而亡。汉也像秦一样建立了统一的国家，到底应该采用什么样的统治思想去治理国家才能避免重蹈亡秦覆辙，取得成功，是汉武帝和他的大臣们所面临的政治问题，同时也是检验诸子百家历史生命力的关键。

武帝以前，虽然没有立下"汉家家法"，但那时的思想紧扣着一个脉搏。在汉人对秦亡汉兴的历史思索中，儒学已露出朦胧的曙光，只是在黄老无为思潮的笼罩下，"犹抱琵琶半遮面"而已，到汉武帝时，才"千呼万唤始出来"。

这个急切的呼唤就是汉武帝的"天人三诏"。

初出茅庐的汉武帝雄心勃勃，即位之初，就先后召集文学贤良数百人垂问长治久安之策，他先后拟了三道诏书，提出三个问题，历史上称之为"天人三诏"。

汉武帝的诏书并不深奥难懂，翻译成现代汉语，反倒有损诏书的风采，为了保持原汁原味，在此特将"天人三诏"原文摘录。

第一诏：

朕获承至尊休德，传之亡穷，而施之罔极，任大而守重，是以夙夜不皇康宁，永惟万事之统，犹惧有阙。故广延四方之豪俊，郡国诸侯公选贤良修洁博习之士，欲闻大道之要，至论之极。今子大夫褒然为举首，朕甚嘉之。子大夫其精心致思，朕垂听而问焉。盖闻五帝三王之道，改制作乐而天下洽和，百王同之。当虞氏之乐莫盛于《韶》，于周莫盛于《勺》。圣王已没，钟鼓管弦之声未衰，而大道微缺，陵夷至乎桀、纣之行，王道大坏矣。夫五百年之间，守文之君，当涂之士，欲则先王之法以戴翼其世者甚众，然犹不能反，日以仆灭，至后王而后止，岂其所持操或诡缪而失其统与？固天降命不查复反，必推之于大衰而后息与？呜呼！凡所为屑屑，夙兴夜寐，务法上古者，又将无补与？三代受命，其符安在？灾异之变，何缘而起？性命之情，或夭或寿，或仁或鄙，习闻其号，未烛厥理。伊欲风流而令行，刑轻而奸改，百姓和乐，政事宣昭，何修何饬而膏露降，百谷登，德润四海，泽臻草木，三光全，寒暑平，受天之祜，享鬼神之灵，德泽洋溢，施乎方外，延及群生？

子大夫明先圣之业，习俗化之变，终始之序，讲闻高谊之日久矣，其明以谕朕……

第二诏：

盖闻虞舜之时，游于岩郎之上，垂拱无为，而天下太平。周文王至于日昃不暇食，而宇内亦治。夫帝王之道，岂不同条共贯与？何逸劳之殊也？

盖俭者不造玄黄旌旗之饰。及至周室，设两观，乘大路，朱干玉戚，八佾陈于庭，而颂声兴。夫帝王之道岂异指哉？或曰良玉不琢，又曰非文亡以辅德，二端异焉。

殷人执五刑以督奸，伤肌肤以惩恶。成、康不式，四十余年天下不犯，囹圄空虚。秦国用之，死者甚众，刑者相望，耗矣哀哉！

呜呼！朕夙寤晨兴，惟前帝王之宪，永思所以奉至尊，章洪业，皆在力本任贤。今朕亲耕籍田以为农先，劝孝弟，崇有德，使者冠盖相望，问勤劳，恤孤独，尽思极神，功烈休德未始云获也。今阴阳错缪，氛气充塞，群生寡遂，黎民未济，廉耻贸乱，贤不肖浑淆，未得其真，故详延特起之士，庶几乎！今子大夫待诏百有余人，或道世务而未济，稽诸上古之不同，考之于今而难行，毋乃牵于文系而不得骋与？将所繇异术，所闻殊方与？各悉对，著于篇，毋讳有司。明其指略，切磋究之。以称朕意。

第三诏：

盖闻"善言天者必有征于人，善言古者必有验于今。"故朕垂问乎天人之应，上嘉唐虞，下悼桀、纣，浸微浸灭浸明浸昌之道，虚心以改。今子大夫明于阴阳所以造化，习于先圣之道业，然而文采未极，岂惑乎当世之务哉？条贯靡竟，统纪未终，意朕之不明与？听若眩与？夫三王之教所祖不同，而皆有失，或谓久而不易者道也，意岂异哉？今子大夫既已著大道之极，陈治乱之端矣，其悉之究之，孰之复之。《诗》不云乎："嗟尔君子，毋常安息。神之听之，介尔景福。"朕将亲览焉，子大夫其茂明之。

从这迫不及待的"三诏"可以看出，汉武帝试图借助剖析历史来解决现实的政治问题。

虽然有董仲舒、公孙弘等人的著名对策，但是，我们仍然可以看出，他们并未给出让武帝特别满意的答案。汉武帝在疑虑和困惑中，表现出了对历史的内在真诚和使命感。要知道，汉武帝的诏书并不像现在这样由别人代笔，那可是真正的御笔。在汉代，制诏都是皇帝亲自在做，诏书能够反映皇帝的才情，而不是规范化、程序化的官样文章。

武帝的"三诏"把哲学的高深、历史的厚重、文学的至情完美地融汇在一起，提出了那个时代的政治问题。

一个时代政治问题的解决方法，往往集中体现了解决时代的哲学问题和历史问题的决策。

汉武帝作为一名政治家，敏锐地抓住了时代脉搏，"天人之际"与"古今之变"，既是对这些问题的集中概括，又是那个时代的思想主题。

"天人三诏"是基于历史责任感和对历史的思索，对于系统完整的政治思想理论的渴求和呼唤。它体现了时代的需要，而汉武帝正是这个时代的代言人。

"天人三诏"是帝王的教科书。从中我们可以看到为人君者应该具备的思想高度，哲学思维和理论水平，以及高度的历史使命感和历史鉴戒意识。

于是，"独尊儒术"便应诏而出了。

景帝后元三年（公元前141年）正月，16岁的刘彻即位当了皇帝。在此之前的"文景之治"时期，汉朝经过了六七十年的发展，经济得到了恢复和发展，到汉武帝即位时期，"国家亡事，非遇水旱，民则人给家足，都鄙廪庾皆满，而府库余货财。京师之钱累巨万，贯朽而不可校。太仓之粟陈陈相因，充溢露积于外，至腐败不可食"。这都是汉初实行"清静无为"政治而带来的结果，但这繁荣现象的背后却潜伏着尖锐的阶级矛盾，土地兼并日趋严重，出现了"富者田连阡陌，贫者无立锥之地"的现象，地主阶级得到了最大的好处，农民则处在"常衣牛马之衣，而食犬彘之食"的悲惨境地，他们被迫起来反抗。

汉初的几位皇帝都信奉"黄老无为"思想，不过多地打扰农民，让老百姓休养生息，到了汉武帝时期，政治、经济情况发生了很大变化，是继续推行道家的无为思想，还是改用其他思想来统治人民，这一抉择就成了一件紧迫的事情。

接受天命的伟人创立王朝，他的子孙继承天命巩固和发展王朝。他们都致力于教化百姓、发展民生，这就是天子的崇高职责。上天从亿万人中选出天子，让他统治万民，就是为了要他履行上述职责，而不是要他享清福。

汉武帝从小接受的是儒家思想教育，对道家的"黄老无为"思想和"无事无欲"的淡泊生活很不习惯，对儒家的学术思想有浓厚的兴趣，要进行政治上的大一统，也只有儒家能提供理论依据。

针对这种情况，年轻的汉武帝锐意进取，他一登基就迫不及待地进行了几项改革。

他认识到非大批良才无以治国，于是下诏给宰相以下的官吏，号召他们推荐人才，"举贤良方正直言极谏之士"。要求丞相、御史、列侯、中二千石、诸侯相等各级官吏推举贤良方正、敢于直谏的读书人到朝廷做官。同时，又鼓励天下吏民直接给皇帝上书，提建议、发议论。汉代臣民至京师公车司马处上书言事，议论得失，称为"公车上书"，长官为公车司马令。诏书下达后，上千件议论朝政的书文从全国各地送到京城长安。其中品德优良的称为"贤良"，以文辞见长的称为"文学"。汉武帝命令这些人先在长安笔试，合格者再面试。这次考试名列榜首的是董仲舒，年轻的汉武帝非常高兴，要面试这些人才，第一个召见的便是董仲舒。

董仲舒是广川（今河北省景县广州镇大董故庄村）人，少年时代就攻读《春秋》。汉景帝时期，他当了博士，收了许多学生。董仲舒曾刻苦研读过儒家经典，相当深入地了解了儒家思想的精华，并能把儒家思想结合汉代的现实进行阐述。

针对汉武帝提出的"天人三诏"的征问，董仲舒连上三篇策论作答，因首篇专谈"天人关系"，故史称"天人三策"。

"天人三策"的主要内容有四：

首先，罢黜百家，独尊儒术，统一思想。

汉武帝即位之初，丞相卫绾就提出："所举贤良，或治申、商、韩非、苏秦、张仪之言，乱国政，请皆罢。"

董仲舒提出了"罢黜百家，独尊儒术"的主张，认为"今师异道，人异论，百家殊方，指意不同，"不利于政治统一，"臣愚以为诸不在六艺之科孔子之术者，皆绝其道，勿使并进。邪辟之说灭息，然后统纪可一而法度可明，民知所从矣"，主张统一思想，统一法纪，把天下之人的思想统一在儒家范畴内。

由此可见，汉武帝推行"独尊儒术"的最主要目的，是为了配合政治上的统一而求得思想上的统一。

其次，强调大一统思想。

董仲舒说："《春秋》大一统者，天地之常经，古今之通谊也。"并说："有天子在，诸侯不得专地，不得专封，不得专执……不得致天子之赋，不得适天子之贵。"这从理论上为加强中央集权，为"强干弱枝"，天子至尊，一统天下找到了根据。

再次，提倡"君权神授"，把道家的道统变成封建的法统。

董仲舒提出"天人相与""君权神授"，认为"道之大原出于天，天不变，道亦不变"，他进一步提出"天子受命于天，天下受命于天子"，天子的职能是"上谨于承天意，以顺命也；下务明教化民，以成性也；正法度之宜，别上下之序，以防欲也"。

这样，用神秘的色彩把皇权的合法性和永恒性固定下来，使皇权成为"神授"而不可侵犯，为汉武帝加强中央集权提供了理论依据。并且从"君权神授"说出发，董仲舒还极力提倡"君君、臣臣、父父、子子"的等级观念，提出了"三纲五常"的伦理规范。用宗教神学的观点附会"三纲"，"王道之三纲，可求于天"，于是政权、族权、神权、夫权构成了四种统治权力，从政治到伦理秩序规定了人与人、人与天关系的标准，它虽然对维护国家统一曾经起到过一定的积极作用，但它像一具无形的镣铐，时刻束缚着人们的手脚，给人民带来了极大的精神痛苦，并且对思想文化的发展起着阻碍作用。

最后，提倡儒家的仁政，同时强调法制。

儒家反对用严刑对待人民，主张施行"仁政"，董仲舒提出"薄赋敛，省徭役，以宽民力""限民名田"以"塞兼并之路"，防止过分的贫富分化，避免出现"富者田连阡陌，贫者无立锥之地"的现象。

同时，董仲舒也强调法制，在主张"以教化为大务"的同时，又主张"正法度十宜"，强调利用法律维护封建统治。

董仲舒的种种主张，是从封建统治的长远利益出发提出的方案，为汉武帝集权中央统一思想、统一天下提供了理论依据，而且有利于封建统治的长治久安，因此汉武帝实行"罢黜百家，独尊儒术"是很自然的。

汉武帝立即任用董仲舒为江都相，江都易王刘非是汉武帝的哥哥，平时骄傲武断，不易对付。董仲舒晓以大义，用礼义纠正他的错误，取得了他的尊重。

汉武帝的老师卫绾是第一任丞相，卫绾本来很喜欢儒术，听说董仲舒在对策中建议"罢黜百家，独尊儒术"，因此，他建议，凡是不符合儒家六艺、孔子之术的其他各家学术思想一律摒弃、禁止，请求汉武帝把那些专学"申、商、韩非、苏秦、张仪之言"的贤良罢免回家，免得他们日后搬弄是非，扰乱国政。

汉武帝马上表示同意，没有任用儒学以外的贤良。

通过上书言事，董仲舒、主父偃等思想家、政治家都成了汉武帝倚重的人才。

贤良对策之后，汉武帝着手政治改革，第一任丞相卫绾年事已高，借病请求退休，汉武帝马上批准了他的请求，让魏其侯窦婴接替了他的职务，汉武帝还叫母舅武安侯田蚡做太尉，掌管军队。窦婴和田蚡都喜欢儒术，他们又向汉武帝推荐了儒生出身的赵绾做御史大夫，王臧做郎中令，赵绾和王臧又推荐自己的老师申培给汉武帝。

申培当时已八十岁有余，对《诗经》颇有研究，也研究明堂制度和改革祭礼，汉武帝派人用安车蒲轮和礼物聘迎申培到长安做太中大夫。

雄心勃勃的汉武帝与这些儒臣合作，决心大干一番事业，进行改革，推行多项进取的政治措施。首先，严格法制，要求臣下检举那些行为不轨的皇亲国戚，罪行核实后给予贬谪；为削弱王侯的权力，汉武帝下令要求住京的王侯迁回自己的封地。其次，对百姓施行一些减轻负担的措施，减省"转置迎送"的卫士1万人，停止喂养苑马，并将苑地赐给贫民。同时，废除关卡的税收制度，施行恩德，振兴教化。汉武帝下令：年满八十岁的老人，给其家里免除两个人的赋税；年满90岁的老人，还免除其家里的赋税，并免除一个儿子服役。

继而又设立明堂，建立起草巡狩、封禅制度，准备变更历法和服色，从而顺利地进入了太平盛世。

建元五年（公元前136年），汉武帝又下诏设置《诗》《书》《易》《礼》《春秋》"五经"博士，从而提高了儒家经书的地位。

此外，汉武帝还要求做好反击匈奴的准备，并于建元三年（公元前138年）派张骞出使西域，联合西方的大月氏国夹击匈奴，汉武帝的对外政策也开始改变了。

这些政策和措施，几乎都是在汉武帝登基一两年内推行的，不难看出初登帝位的汉武帝改革的心情是多么迫切。但此时朝中大权仍被操纵在"好黄帝老子言"的窦太皇太后手里。窦太皇太后从立为皇后开始，已有40年之久，在宫中地位高，权势大。其家族恃宠仗势，为非作歹，遭到检举和贬谪的人很多，列侯的夫人们又多是公主，他们在京城的势力盘根错节，都不愿回到封地去，因此这些皇亲国戚们不断到窦太皇太后那里去告状，诽谤新的政治措施，加上窦太皇太后本人"好黄帝老子言"，不喜欢儒家思想，由此形成了一个以她为核心的思想上和政治上都反对新政的集团。

建元二年（公元前139年），御史大夫赵绾又上书提议不要再让窦太皇太后干预国政，窦太皇太后大发雷霆，迫使汉武帝废除新的政治措施，罢免丞相窦婴和太尉田蚡，关押御史大夫赵绾和郎中令王臧，送走太中大夫申培。不久，赵绾和王臧在狱中被逼自杀。设立明堂的事也暂且搁置。

汉武帝的新政措施不得不暂时中断。进行新的改革受挫后，他无可奈何地度日，等待时机的到来。

直到建元六年（公元前135年），窦太皇太后病死，汉武帝摆脱了束缚，立即下令罢免丞相许昌和御史大夫庄青翟，清除了窦太皇太后安插在朝内的所有亲信党羽，任命田蚡为丞相，韩安国为御史大夫。田蚡把不学儒家五经的太学博士一律罢黜，把黄老等各家思想排斥于官学之外，又优礼延揽儒生数百人。

此后，汉武帝大刀阔斧地进行了一系列改革，终止了黄老思想指导下的"无为"政治，采纳了董仲舒的新儒家学说，推行多项改革进取政策，开创了一个辉煌的时代。

第二节　裁抑相权

在中国古代封建社会中，唯一能与皇权抗衡的便是相权，相权不仅能够有效地抑制皇权的滥用，更是一种对皇权的直接威胁。汉武帝在为至高无上的皇权和大汉帝国筹备圣礼的同时，也对官僚行政系统进行了彻底的改革，而这个改革的方向便是裁抑相权。

汉武帝即位时，他所面临的朝廷格局是一种屈君伸臣、君弱臣强的局面。表面上看，丞相是秉承皇帝的旨意办事，实际上是整个政权的负责人。皇帝尊敬他们，百官更是恭敬从命。对于朝中群臣甚至像内史这样的高官，丞相认为有过失都可以先斩后奏，在同皇帝商量国事时，丞相的意见也备受尊重，丞相推荐的官员甚至一出任就可以充任九卿郡守品级的大官，而丞相没有大的过错，是不得随意更换的。

雄心勃勃的汉武帝，怎能容忍自己至高无上的皇权受到他人的侵犯。他一登基，就寻求论证君权神授的学说。经学大师董仲舒的"天人合一"说迎合了汉武帝的想法。董仲舒论述了天道和人道的关系，指出天人关系的实质是天人合一，提出"天子受命于天，天下受命于天子"，天子"上谨于承天意，以顺命也；下务明教化民，以成性也；正法度之宜，别上下之序，以防欲也。"这样一来，就给皇权笼罩上了一层神秘的色彩，使得皇权神圣而不可侵犯，为汉武帝加强皇权提供了理论上的依据。汉武帝为了独揽一切大权，开始着手削弱丞相的权力。

窦太皇太后要免卫绾的相，汉武帝就随她的意，来个顺水推舟。

他在建元二年（公元前139年）和建元六年（公元前135年）间，相继免去了魏其侯窦婴和功臣后代柏至侯许昌的相职。六年之中，罢免了三个丞相，这对于丞相久任传统不得不说是一次严重的打击。经过这几年的努力，汉武帝最终对相权取得了绝对的支配权。

建元六年（公元前135年）六月，武安侯田蚡被汉武帝任命为丞相。由于田蚡有王太后为他撑腰，拥有极为雄厚的政治和权力背景，因此他轻易地结交了众多诸侯来扩大他的势力范围，丞相的权势又一次得到了助长，朝野上下的文武百官又开始对这位丞相趋奉依从了。

据《史记·魏其武安侯列传》所载，丞相田蚡每次上朝奏事，都要一个人坐在朝上讲个没完没了，由于他是汉武帝的舅舅，汉武帝出于尊敬，对他提出的建议也是全部接受，因此他所推荐的人有时竟能从一介平民骤升到二千石的高位。对于这样的丞相，朝廷上群官们自然要倾向于他，就连在郡国做事的学士们也都日益依附于他了。

汉武帝本来指望这位好儒术的丞相舅舅打理国事，没想到竟大权旁落，最后汉武帝实在按捺不住胸中的怒火，找了一个机会质问田蚡："您任命官员完毕了吗？您要是完毕了，我也要开始任命了！"

宰相最主要的权力就是"主臣"和"除吏"，这也是作为政府首脑最根本的标志之一。汉武帝为了削弱丞相的权力，加强皇帝集权，他把宰相"主臣"用人的实权收了回去，这样一来宰相就失去了人事保证和权力依托，渐渐地他的官职降为仅是奉行天子旨意的传话员、大管家、幕僚长了。汉武帝的确是精力过人，他又统又治，从一名垂拱无为的国家元首，摇身一变，成了过问一切政事的统治者，真正的政府首脑，开始走上了皇权专制统治的道路。

汉武帝之所以没有把田蚡置于死地，主要是迫于王太后的势力。到了元光五年（公元前130年）三月，田蚡病死，汉武帝再也不用任何外戚为相了。从此，汉武帝从"贤良文学"以及直接向皇帝上书的文士中选拔贤才，又将少府属下一个主管文书档案的机构"尚书"，作为审阅公文、谋划政事、起草诏令的日常工作机关，与侍中、中书组成"中朝"。这里聚集了大批智囊人物，这其中就有才能出众的严助、朱买臣、吾丘寿王、主父偃、严安等人。在他们的本职以外，另给了他们侍中、常侍、给事中等官职，让他们出入宫廷，随侍左右，商量国家大事，参与大政。

汉武帝任用宦官为中书，掌尚书之职。一切文书、奏章、政令，都由内政官吏掌握，而丞相只能承旨顺命。九卿不再通过丞相而直接上奏给皇帝，以丞相为首的政权机关被架空。相权旁落，丞相的地位和权力大为削弱，再也不能耍威风了。

如果说以上的举措是汉武帝对宰相制度的第一次改革的话，那么在元朔五年（公元前124年）十一月，就是他第二次对宰相制度的直接改革。这一年，汉武帝为改变军功贵族专权的状况，任用儒生来为他的政治服务，通过一系列官制改革，取消军功贵族的特权地位。他任命没有爵位、出身贫苦的御史大夫公孙弘为丞相，再封他为平津侯。

汉初原以列侯为丞相，列侯或为功臣，或为功臣之后，自有食邑，以功迁相。列侯一有自己功臣势力为政治和权力的背景，二有自己强大的经济实力作为基础，这才导致汉初相权过重现象的出现。丞相田蚡死后，薛泽即位。薛泽是高祖功臣广平侯薛欧之孙，景帝时期封他为平棘侯，对他仍是毕恭毕敬，不敢颐指气使。到了武帝时期，汉武帝就是要用"文德"的儒生改一改这列侯世袭不合理的体制。

汉武帝改任公孙弘为相，公孙弘是以一老儒的身份平步青云的，没有宫廷和列侯的背景，自己的尊卑功过都由皇帝说了算，不具有任何自恃高贵的贵族心理，也没有那种汉初的曹参告舍人促治行，言"吾将入相"的功臣气魄。因为公孙弘在心理定式上已经认为自己身卑位低，向皇权低头，所以，他只能趋奉于皇帝的旨意，领旨谢恩，根本谈不上什么与皇权对抗。公孙弘顺从皇帝旨意，用诗书礼乐的词句来文饰政事，不与皇帝争权也就是很自然的事了。武帝时期的君臣关系从此转换成了君主与奴仆的关系。

从公孙弘担任丞相开始，丞相的制度已经从列侯拜相制，转变为先拜相，再封侯，"其后以为故事"的制度了。其结果，自然是相权大减，皇权大涨，相权必须绝对地服从皇权，不得有一丝一毫的逾越。最终形成了一种仰君屈臣、君强臣弱的格局。

元封五年（公元前106年）三月，汉武帝实行了宰相制度的第三次改革。汉武帝在泰山明堂召见诸侯王、列侯，接受郡国上计。接受郡国上计就由太初元年（公元前104年）春在甘泉宫继续接受郡国上计。这样一来，相权从汉初在丞相府，转变为由皇帝亲自受计的局面。汉武帝不但亲自掌握全国经济命脉，而且可以直接控制郡国长吏及其掾属的大权，宰相在这两方面的权力也被无情地剥夺了。

自从汉武帝进行第二次改革后，继任的几届丞相就都不直接参与朝廷大事了。从公孙弘死后，到李蔡、严青翟、赵周、石庆、公孙贺、刘屈氂相继担任宰相，但"自蔡至庆，丞相府客馆丘虚而已。至贺、屈氂时，坏以为马厩、车库、奴婢室矣"。朝廷有大事商议，竟然都不再通知丞相参加，"事不关决于庆，庆醇谨而已。在位九岁，无能有所匡言"。他们虽身为宰相，可是却无权召除官吏，更不能参决政事，这宰相一职还能有什么匡救时弊的作用？完全是一个摆设了！丞相府也落得个门庭冷落，另作马圈、停车场了。

相权日渐削轻势弱，皇权越来越强大，相权不要说对皇权有效地发挥约束和抑制作用，现在就连相位、性命都难以保全了。最为明显的例子就是常以"天子的病在不广大，臣子的病在不俭节"为口号的公孙弘，他常与主爵都尉汲黯一同面奏皇上。秉性耿直的汲黯，每次都是大胆进谏，弄得汉武帝颇为忌惮。每次廷奏，公孙弘都是让汲黯先说，自己再进行附议。如此一来，他在汲黯说时，就可在一旁察言观色，揣摩汉武帝的心意了。如果汲黯的提议与汉武帝不合，公孙弘就食言背约，主动奉迎汉武帝的心意，以求讨得汉武帝的欢心，不至于冒犯龙颜。尽管每次背信弃义的违约都要遭到公卿们的咒骂，可为了自己的性命安危，他下一次还是要故伎重施。

虽然在汉武帝对相权的裁抑下，相权已经失去了抑制皇权、约束皇权的本意，但此时，丞相在法理上、名义上毕竟是百官之长，是仅次于皇帝的全国之首，身为全国政事的幕僚长，权力没有，责任总得有。每次天下有事，汉武帝都要循名责实，归罪于丞相，"朝廷多事，督责大臣"，丞相成了名副其实的替罪羊。这对身为丞相的人形成了一种巨大的心理压力。

丞相公孙弘本是一介布衣，常常处于惊恐不安之中。当元狩元年（公元前122年），淮南、衡山谋反事起之后，吓得他竟不顾病重，上书引咎辞官了。石庆也是如此，由于不参与议政，他要归还丞相印与侯印，请求退官回家，结果却遭到汉武帝的斥责。

汉武帝凭借自己至高无上的皇权，加以方法巧妙地运用，对宰相进行有效的钳制和威吓，使得自丞相以下的百官们常常诚惶诚恐，如履薄冰。即使功高位尊的大将军卫青、骠骑将军霍去病，也是唯恐遭人暗算，行事也小心谨慎起来。

到了汉武帝后期，汉武帝的丞相不仅没权，而且几乎成了死亡的代名词。细细数来，唯一免于一死的丞相是石庆，这是因为石庆徒有虚位，不预政事，"九卿更进用事，事不关决于庆，庆醇谨而已，在位九年，无能有所匡言"，因而没有获罪的机会。尽管如此，他也没少受汉武帝的责备，而其他人等均是以不同的罪名被斩杀处死了。

当汉武帝宣布少为骑士，积军功，七为将军，出击匈奴的公孙贺为丞相时，这样一位驰骋战场的宿将竟然惊呆了，侍者把相印捧到他面前，他都毫无察觉，当冰冷的大印放到他手上时，他才如梦方醒，惊慌得连连摆手往后退，不肯接受。他"扑通"一声跪倒在地，泪水横流，不住地磕头，请求汉武帝另选他人，久久不肯起来。汉武帝见状，一言不发，拂袖而去，只剩下公孙贺呆呆地跪在那里，不得已，他接过了相印。出了殿门之后，公孙贺摇头叹息："祸从此始矣！"

他的预感果然不错，没过几年，公孙贺便因儿子公孙敬声犯罪受株连，夷灭三族。

汉武帝不断削弱丞相的权力，做他的丞相太难了，丞相职务竟没有人愿意担任。

在汉武帝统治的五十余年中，任丞相的有：窦婴、许昌、田蚡、薛泽、公孙弘、李蔡、严青翟、赵周、石庆、公孙贺、刘屈氂、田千秋等12人，从李蔡到石庆，"丞相府客馆丘虚而已"，到公孙贺、刘屈氂就"坏以为马厩、车库、奴婢室矣"。国家处于多事之秋，汉武帝常诿罪大臣，从公孙弘以后，丞相多不得善终。元狩五年，李蔡有罪而杀；元鼎二年，严青翟下狱；元鼎五年，赵周下狱死。

汉武帝裁抑相权，改善了汉室政权原来屈君伸臣、君弱臣强的权力结构，从而摆脱了相权对他的束缚和控制，这是他走向皇权专制道路的第一步，也是稳固皇权的重要一步。

第三节 内朝制度

作为一个追求一切权力的专制统治者，汉武帝不能忍受任何制度的约束，即使这种制度是由他的祖先所承认、建立起来的，他也说弃就弃。在削夺相权的同时，汉武帝也开始了内朝的设置。

由于秦汉时期的中央统治机构称为朝廷，中央官署皆称为中都官，因此内朝的出现就使朝廷上下分为两个部分，它们分别是内朝（或称中朝、内廷）和外朝（或称外廷）。

在《汉书·刘辅传》王先谦《补注》曾有记载："中外朝之分，汉初盖未之有。"汉初的宰相为全国文武百官的总统领，使朝廷及其宫廷融为一体。但是，要从办事职能、官署处地来分，中都官等于从一开始就划分为两个系统：一个是国家政务官，即宰相实际领导的政府官员，后来被称为外朝官、外朝臣，省称外官、外臣；另一个是官署设在宫中，专管宫廷事务的皇室私务官，称为内臣，或称宫官、中臣、天子近臣。前者的设计有较为合理的部分，而后者的出现则集中反映了封建专制主义的特性。

丞相、御史大夫、太尉历称"三公"，是秦汉官制中的上层结构，实为外臣系统的官长。卿为中层结构，但其绝大部分仍为内臣系统。按照《汉书·百官公卿表》所说，中二千石的九卿，廷尉掌刑法治狱，治粟内史（景帝后元年更名大农令，太初元年更名大司农）掌管谷货田租供给国家公费，中尉（太初元年更名执金吾）掌管宫门以外的警卫及维持京师治安，此三卿算得上是直接供职于国家的政府官员，其他的六卿均由皇帝直接下达命令，实为皇帝的当差、奴仆。

奉常：秦官，掌宗庙礼仪，实则是天子宗庙的守官。景帝六年更名太常，属官有太乐、太宰、太史、太卜、太医令及博士诸官。博士虽有学术官员之名，但其实还是天子的侍从，在内廷供奉，如待诏博士，即待诏金马门。

郎中令：掌宫殿掖门户。《汉书·文帝纪》中说："张武为郎中令，行殿中。"机构非常庞大，所属官有大夫、郎、谒者，等等。

大夫：掌论议，有太中大夫、中大夫，皆无员，多则达数十人之多，此为皇帝的智囊团。

郎：掌守门户，出充车骑，有议郎、中郎、传郎、郎中，多至千人，是皇帝的高级侍卫官。

谒者：掌宾赞受事，上章报问，员七十人，是皇帝的传达室。谒者以宦官担任，称中谒者。高后时，封中谒者张释卿为侯。孟康注说张是宦官。如淳说："诸官加中者，多阉人也。"

少府：掌管山海池泽之税，以供私自奉养，等于是皇帝的私人财务大臣。皇帝的饮食起居，服饰器具，都由他来负责管理。机构庞大，有六丞。属官有尚书、符节、太医、太官、中书谒者、黄门及诸仆射、署长、中黄门等。颜师古说："禁中黄门，谓阉人居禁中在黄门之内给事者也。"

郎中令和少府最后都成了汉武帝私人班子的秘密机构。

除了以上官制之外，还有卫尉、太仆、典客、宗正等。

卫尉：武职，掌管皇帝宫门的卫屯兵，是皇帝的卫队长。卫尉寺在宫内。属官有公车司马、卫士、旅贲等。公车司马令，掌殿司马门，夜徼宫中。

太仆：掌管舆马，皇帝的马夫头、车队长。

典客：武帝太初元年更名为大鸿胪，皇帝的司仪，掌管诸归义蛮夷。

宗正：专门负责管理皇帝家的家谱及皇族事务。

宰相在名义上为百官之长，但实际上对这些内廷供奉根本起不到管理约束的作用。在这套官制体系的结构中，皇权自然就要大于相权。有了皇帝在后面为这些人撑腰，宰相根本拿这些内臣没办法，只能听之任之。

汉武帝即位后，首先在建元初期召用原属郎中令属员的诸大夫和诸郎，宫中的文学之士严助、司马相如、枚皋、东方朔等人，做他的高级顾问、私人助理，赋以他们重权，帮助他直接控制、驾驭和驱使全国上下的文武百官。据《汉书·严助传》所载：

>"上令助等与大臣辩论，中外相应以义理之文，大臣数诎。"

这其中的"中"是指"中谓天子之宾客，若严助之辈也"；"外"即公卿大夫。

所谓"中外"就是中、外朝的简称。中朝乃是指常在武帝左右的严助等天子宾客，天子宾客就是高级幕僚；外朝便是指以丞相为首的公卿。

建元初年，汉武帝召用郎中令属员中大夫和诸郎严助等人，常在左右，诘难大臣，目的就是要配合自己侵夺相权、总揽朝政，与宰相领导的"外朝"大唱对台戏。汉朝宫廷从此分为内外二朝，宰相从此也由百官之长瞬间降至不治宫中的外朝首长，原是内臣、近臣的列卿们也逐渐趋向于外朝化。据《后汉书·黄琼传》王先谦《集解》引《通鉴》所注："西都中世以后，三公九卿为外朝官。"章如愚曰："自武帝任中大夫、侍中，而谓丞相为外朝，而内庭之事宰相不与知矣。"

尽管内朝已经逐步建立，可是这些内臣们并无真正的官职和权力，他们只是在皇帝身边辅佐而已，受到官制列卿系统的管治及影响（尽管这些是在观念和心理上的），汉武帝要把这些内臣统统加以官职，使之合法化、系统化。这样一来，不仅可以使内臣脱离正常的官制系统，还可以使他们参与自己的政治决策。

加以官制这一决策，据《汉书·百官公卿表》记载：

"侍中、左右曹、诸吏、散骑、中常侍皆加官。所加或列侯、将军、卿大夫、将、都尉、尚书、太医、太官令至郎中，亡员，多至数十人……给事中亦加官，所加或大夫、博士、议郎，掌顾问应对，位次中常侍。中黄门有给事黄门，位从将大夫。皆秦制。"

说是效仿秦制，其实事实并非如此，据《史记·李斯列传》记载，"侍中"一官："赵高使其客十馀辈诈为御史、谒者、侍中，更往复讯斯。"看来并非加官，只是平常侍奉在天子身边的近臣罢了。秦朝根本没有内朝制，始皇帝完全是由自己衡石量书，亲自理事，直接让丞相和诸大臣们皆受成事，倚办于上。加官制始于秦朝是不可信的，换种说法，即使秦朝具有加官制，也是同汉武帝时期的加官制具有本质区别的。

汉武帝时期的加官，是指在本官职外再加一官职，即兼差。本官为主职，加官为辅职。汉武帝显然是对秦朝的加官制度做了彻底性修改。他所设置的这种新型加官制度，就是将《汉书·百官公卿表》中所提到的原先多为内臣的官职特别提出来，使之脱离公卿系统，作为一个特殊的职称来起用。这些被起用的官员们直接调到汉武帝左右，接受皇帝的承旨，不再受宰相管束。汉武帝也通过他们加大了自己对政治的发言权和控制权。

从时间上分析，汉武帝加官制度设置于建元中期。建元初期，虽然有侍中一官，桑弘羊曾为之，但他只是身为本官，并非加官之侍中。就连严助等人也无加以任何官衔。到了建元三年（公元前138年），汉武帝命严助诘难太尉田蚡阻伐南越事，严助官职仍为中大夫，也并不属于加官一列。建元六年（公元前135年），南越王遗太子随严助入侍，严助这才开始在中大夫上加官侍中。又如《汉书·朱买臣传》中记载汉武帝"拜买臣为中大夫，与严助俱侍中"。这时的侍中显然已为加官。但是具体时间并没有表明，从上文严助贵幸荐买臣则似在建元初，连下文"是时方筑朔方，则时已在元朔矣"。据《汉书·东方朔传》载，朔于建元三年（公元前138年）拜太中大夫给事中，太中大夫为本官，给事中乃为加官。因此可知，加官制度应该是设于建元中以后的事情。加官的人除了严助外，还有主父偃、徐乐、严安等人，他们经常在一起诘难大臣。

这些人原都官卑职小，就算是官职最大的也不过是皇帝家奴罢了，他们是为天子分掌乘舆服物的宫廷贱臣，有捧唾壶的，有管溲器的，随从左右服役。据《通典》卷二十一所载：

"汉侍中为加官……直侍左右，分掌乘舆服物，下至亵器虎子之属。武帝时，孔安国为侍中，以其儒者，特听掌御唾壶，朝廷荣之。"

《初学记》卷一引《与子琳书》所说：

"侍中安国，群臣近见崇礼，不供亵事，犹复掌御唾壶，朝廷之士，莫不荣之。"

鉴于侍中诸官人卑言轻，不足以与宰相政府势力相抗衡，汉武帝就提高他们的官职，使他们同样拥有偌大的权力。这便是《汉书·百官公卿表》所载的：

"侍中、中常侍得入禁中，诸曹受尚书事，诸吏得举法，散骑骑并乘舆车。"

侍中们史往来于殿内东西厢奏事。入侍禁中，常在皇帝左右，以脱离相府的控制，于是地位瞬间升高，与皇帝进一步批阅奏事，参与国家要事的决策，发谕称制。

这就是汉武帝通过加官所形成的内朝，他们的性质与少府等内臣的性质不同，可称为参与议政的内朝臣或称中朝臣，也是内臣系统中的高层机构。

如果说加官只是巩固内臣制度基础，那么设置中、尚书官署，总揽政务，就是使内朝制度臻于健全的根本保证了。

尚书也是卑微之职，隶属少府，秦初所置。据《汉官仪》所载：

"初，秦代少府遣吏四；一在殿中主发书，故号尚书。尚犹主也。汉因秦置之。"

赵翼《陔馀丛考》卷二十六也有记载：

"尚书，本秦官少府之属，在内掌文书者，汉因之。"

由此可见，尚书不过是皇家的"收发吏"罢了。马端临《文献通考》卷五十一中这样说道：

"战国有尚冠、尚衣。汉亦置尚冠、尚农，另有尚食、尚浴、尚席，并尚书，谓之六尚。"

文中的"六尚"显然是皇家奴仆，可见其身份卑微。景帝时期同样如此，尚书并无大权，只是做管理收藏诏书等低下的工作。而到了汉武帝时期，他开始授尚书以加官，提高尚书的权力与地位。陈树镛《汉官答问》中载：

> "汉初以丞相总天下事，尚书不过少府属官，治文书而已。武帝时权稍重。臣下章奏上尚书，尚书进于天子，及下丞相。有政事，天子常与之议。于是尚书为清要之职。"

尚书受到加官，自然就要从少府中分离开来，不再受公卿的任何束缚。从此，尚书可以与内臣们一起参与议政，分曹理事，汉武帝身边又多了一个可以委以重任的办事机构。

由于汉武帝生性好玩，特别是到了统治后期，他把精力主要投入到了后宫的犬马声色之中，懒得去听这些由加官所置的尚书们奏事，而后宫又不是这些侍中、尚书可以随便进出的，再加上这些士人虽担任宫廷内臣但却仍在宫外生活，仍与外朝公卿结交，长此以往，汉武帝也开始不放心了。于是，汉武帝在内廷之上另设与尚书平行的机构，就是选用可以出入后宫且生活在宫中的宦官组成中书，来代替执行尚书职务。

中书主署长官为中书谒者令，简称中书令。据《续汉志》所载：

> "尚书令一人，千石……承秦所置。武帝用宦者，更为中书谒者令。"

《初学记·职官部》也有记载："中书令，汉武所置，出纳帝命，掌尚书奏事，盖周官内史之任。初汉武游宴后庭，公卿不得入，始用宦者典尚书，通掌图书章奏之事。"

在《宋书·百官志》中也提道：

"武帝游宴后庭，始使宦者典尚书事，谓之中书谒者，置令、仆射。"

仆射为仅次于中书的官职，禄百石。中书与尚书担当任务几乎相同，可以说中书的形成完全是汉武帝出于防范心理而构筑的。

中书和尚书的权力过于庞大，几乎可以总揽朝政，甚至可以擅断朝政。所以当时出现这样的现象：所有上书都可写成正副两本，领尚书者先开启副本，并有权置之不理，屏弃不奏。《汉书·魏相传》中有载："故事：诸上书者皆为二封，署其一曰副。领尚书者先发副封，所言不善，屏去不奏。"可见汉武帝时期的中书、尚书"掌诏诰答表，皆机密之事"，掌天子之诏命，臣下之章奏，侍从宿卫，"职典枢机"，形成了真正的权力机构。《汉书·萧望之传》中说：

"中书政本，宜以贤明之选。"

《汉书·佞幸传》中也同样提道：

"尚书百官之本，国家枢机，宜以通明公正处之。"

此时，丞相早已被撇在外朝，无人问津了。

以宰相为首的外朝系统非但不能充分发挥其行政效能，反而受到强大的压制，相权被一步步地牵制和削弱。由于相权长期处于皇权的威胁之下，逐渐失去了自己的独立性，相权对皇权产生了一种依附性，因此，形成了一种内惧皇权的奴仆特性。汉武帝经过内朝的建立，通过扩充内臣等手段，逐渐将处理政务的实权由外朝转移到了自己控制的内朝之中，这无疑是一种加强皇权专制统治的措施。

与外朝相比，内朝是很好控制的。由于构成内朝的人员出身多为卑微之人，在封官加职之后，其职位仍旧低于公卿、中、尚书令、丞、仆射，俸禄不过为千石、六百石。况且这些人又在天子近侧，身为中书官的宦官们的日常生活更与皇帝日常生活接近，有什么问题皇帝则更容易发现。汉武帝凭借自己的智慧，把这些幕僚们玩弄于自己的股掌之中，全凭自己一时之召用。对于这种招之即来，挥之即去的加官内朝之臣，不少人对它的合法性提出了质疑。例如：元帝时，萧望之就提出："武帝游宴后庭，故用宦者，非古制也。宜罢中书宦官，应古不近刑人之义。"可见内朝完全是皇帝集权的一种衍生物。

我们不得不说中书、尚书机构的建立，以及内朝制度的形成与健全，在中国政治制度史上具有重大的意义。

内朝制度为汉武帝在后庭总揽政治、削弱相权起到了有效的牵制作用，使得皇权在针对相权的斗争中较为主动，可以采取非正式的隐蔽性手段来操纵政治，伸张自己的意志。最为明显的例子就是武帝令严助、吾丘寿王、朱买臣、主父偃等人在朝廷上诘难丞相大臣，他再不用像对待田蚡那样亲自出面与丞相争权夺利了。

汉武帝通过内朝的建立，内臣的扩充，使汉朝的统治出现了根本性的变化，从形式上划分，具有合法性的宰相制为外朝政治骨干，而中书、尚书制为政治统治中枢系统。从实质上划分，外朝是机械的被动的，内朝则是灵活主动地实行皇帝的主张。汉武帝作为这个系统的"总开关"，通过形与神的结合，来巩固、维护、强化自己的皇权。

第四节　打击豪强

豪强是指那些横行不法、鱼肉百姓的地方恶势力。豪强又称为豪族、强宗大姓、豪民、豪右，等等。这些豪强有的本身是战国时六国豪族、豪杰的后人，是贵族、官僚，如齐诸田，楚屈、昭、景，晋公族及燕、赵、韩、魏的后人；有的豪强则是汉代新兴的权贵和富人，如灌夫，平吴楚七国之乱时，军功显赫，武帝时为燕相，"喜任侠……家累数千万，食客日数十百人。陂池田园，宗族、宾客为权利，横颍川"。颍川有儿歌曰："颍水清，灌氏宁；颍水浊，灌氏族。"有的豪强虽无爵禄，却占有大量土地和宗族、宾客等依附人口；还有些豪强从事冶铁、煮盐、铸钱等工商业活动，大发其财，聚敛暴富。

总之，这些豪强势力一般都是聚族而居，依仗财富和暴力，恣行兼并，逋逃赋税，敢于对抗官府，杀人越货、无恶不作。

汉武帝为了巩固自己的政权，有效地加强中央集权，严厉地打击占据一方的豪强势力。对那些恶习难改、以强凌弱、以众暴寡之人，武帝采取以强制强，以恶制恶的手段让他们伏法。

汉景帝时期，济南𠍴氏宗人三百余家，豪猾、二千石的郡守莫能制。后来景帝任命酷吏郅都为济南太守，郅都到任诛𠍴氏首恶的全族。

虽然汉初的诸侯王国在景帝平定"七国之乱"后普遍被削弱，但是仍有诸侯大国"连城数十，地方千里"，仗着自己有强大的势力，违法乱纪以致谋反中央，成为中央政权的极大隐患。

比如汉武帝的叔叔梁王刘武，完全不把武帝放在眼里。梁王府库银钱"且百巨万","珠玉宝器,多于京师"。他出行时,有如天子那样威风,千乘万骑,前呼后拥,浩浩荡荡。他"招延四方豪杰,自山东游士莫不至"。同时,他还私做弯弓数千万,这就极有谋反的可能。再如江都王刘非在自己领土内横行霸道,为非作歹。上梁不正下梁歪,他的儿子刘建也是如此。刘建看中了邯郸梁蚡的女儿,爷俩儿为此争风吃醋,最后刘建强行霸占了梁女后,又派人杀害了梁蚡,而朝廷却不敢受理这一案件。显然,这些独霸一方的诸侯王已经对中央政权构成了不小的威胁。

由于地方豪强的种种恶行给当地百姓带来了巨大的灾难,中央政令又无法在这些地方施行,因此汉武帝采取了"强干弱枝"政策,继续对诸侯王进行打击和削弱。一为巩固西汉政权,二为缓和阶级矛盾。其手段有二:一是采用汉初迁徙的政策来兼并地方豪强势力;二是任用酷吏诛杀豪强,强行制止"以强凌弱,以众暴寡"者。

强干弱枝,调整关中与关东地区人口结构,是西汉之初的一项基本国策。

为加强对豪强的控制,汉武帝继续推行汉初以来迁徙豪强的政策,把他们迁到关中,置于中央政府的控制之下,"内实京师,外销奸猾",做到"不诛而害除"。

西汉初期,娄敬向高祖刘邦建议迁徙六国强族、豪杰于关中地区,可使"无事,可以备胡;诸侯有变,亦足率以东伐"。可是由于汉初禁网疏漏,减轻刑罚,地方豪强仍然大有发展之势,各地出现了一批横行霸道的地主恶势力,横行乡里的强宗豪右和地方官僚。他们勾结诸侯王,利用封建宗法关系,拉帮结伙,招纳宾客,"权行州城,力折公侯",独霸一方。这种现象的出现必然不利于中央集权统治,危害国家政策的施行和社会安定。

因此，汉武帝即位后，立即采取了主父偃的建议，"天下豪杰兼并之，乱众民，皆可徙茂陵，内实京师，外销奸猾"。据《汉书·地理志》所载，西汉从高祖徙六国强族于关中开始，"后世世徙吏二千石、高訾富人及豪桀并兼之家于诸陵。盖亦以强干弱枝，非独为奉山园也"。

从汉高祖刘邦到汉朝结束，迁徙关东六国强族豪桀、高訾富人于关中共有八次之多。其中高祖一次，武帝三次，昭帝一次，宣帝三次。诸帝把这些移民迁去关中后，政府还要关照其生活，"赐钱、田、宅"。其中还有不少人成了汉政权的支持者、拥护者，他们摇身一变成了这个社会坚实的基础。

据有关文献记载，汉武帝在位期间及其以后的一些重要官员都是从这些移民后裔中选拔出来的。如：董仲舒，广川（今河北枣强）人，后家徙茂陵，先后为江都相、中大夫、胶西相。袁盎，其父楚人，因为父为群盗，迁至安陵，文帝时袁盎先后为陇西都尉、齐相、楚相。冯唐，祖父赵人，汉初徙安陵（惠帝陵墓），景帝时冯唐为楚相。杜周，原籍南阳杜衍，武帝时徙茂陵，先后为廷尉、御史大夫。田延年，齐诸田后裔，后被迁至阳陵（景帝陵墓），为霍光器重，昭帝时先后为河东太守、大司农。

这五个人都是武帝从关东迁徙至关中地区中的地主豪强势力中挖掘出来的，他们都因武帝等人的赏识，而身居高位。汉武帝之后，这种现象更得到了进一步发展，仅从关东徙至昭帝杜陵后做了高官的就有杜延年、尹翁归、朱博、韦玄成、韩延寿、张敞、张安世、萧望之、王商、史丹、冯奉世、赵充国等人。

西汉政权把关东地区的豪强、高訾富人等徙至关中以后，这些人大部分都转化为维护汉政权统治的社会基础。这一点可从行政官僚和军事上的都尉等官员的出身可以看出。这些人迁到关中后，使得关中地区的劳动力、经济实力均得到了显著的增长。事实证明，汉武帝"迁豪强"这一政策在加强中央集权、强干弱枝方面所起到的作用是显而易见的。

汉武帝打击地方豪强的另一种手段就是任用酷吏对其进行诛杀。这其中有几个比较典型的事例，我们不妨来看一看：

宁成在景帝时期就是个有名的酷吏，家居南阳穰（今河南邓州市），景帝曾任他为济南都尉。宁成与济南郡守郅都交好。后来，因长安宗室犯法颇多，难治，景帝便任宁成为中尉负责首都长安的治安。宁成执法严酷，竟使得长安城内"宗世豪桀皆人人惴恐（恐惧地发抖）"。

汉武帝即位后，宁成擢升为内史。后因宁成受外戚指斥，被判受刑。宁成以为既然这样，自己便无什么仕途可言，于是，便解脱刑具，出关归家了，声称"仕不至二千石（郡守），贾不至千万，安可比人乎！"后来，他通过货物买卖，"陂田千余顷，假贫民，役使数千家"。几年后，他被赦免，又"致产数千金""出从数十骑，其使民威重于郡守"。最后，南阳太守酷吏义纵上任后，看其嚣张，"破碎其家"。所在同郡的孔、暴两家豪强均受到牵连，也都逃亡到了外地。

义纵也是武帝时期的酷吏，他是因为精通医术的姐姐被汉武帝母亲王太后宠信后，才得以步入仕途的。步入仕途的义纵在当长陵和长安县令时因执法不避贵戚，依法收捕了王太后外孙（即汉武帝的姐姐修成君的儿子）而出名的。汉武帝看他忠诚能干，擢升他为河内都尉。义纵到任后，则"族灭其豪穰氏之属（穰氏一类人），河内道不拾遗"。

汉武帝曾经多次抗击匈奴，每次出兵都是从定襄郡出发，由于当地社会秩序混乱，汉武帝任义纵为定襄太守，维持当地治安。义纵到任后，看到定襄狱中犯重罪当死的有两百余人，而来此探望他们的宾客、昆弟又有两百余人。义纵按照汉代"为人解脱，与同罪"的法律政策，把这些探望的人以"为死罪解脱"为罪名统统逮捕。时辰一过,义纵便把这四百多人一齐处死。由此"郡中无不寒栗",那些与豪强交结、并犯有罪恶的人,也都老老实实地夹起尾巴做人,再也不敢为非作歹了。

治法严厉的酷吏又岂止义纵一人,王温舒也是与义纵同一时期的酷吏,他以治狱为廷尉下属的官吏,后来又做了张汤的部下,升为御史,后为广平郡(今河北省鸡泽东南)都尉,最后擢升为河内太守。

王温舒在广平郡当都尉时就知道河内有不少"豪奸之家",所以他到河内后,刚一上任就准备了从河内到长安的驿马50匹,"捕郡中豪猾,相连坐千余家",同时上书请示处理"大者至族,小者乃死",农产全部没收偿赃。由于事先备好了驿马,所以这次从上奏到审批用了不到两天的时间就办妥了。皇上的奏折刚一下来,王温舒这边的大铡刀就砍下去了。这次行动突出的就是一个"快"字,叫那些还想托关系、走后门的人根本来不及走动,因为礼还没有备齐,这边人已经死了。这次行动的另一个特点就是杀人之多,"至流血十余里"。经过这次打击,河内治安明显好转,"无犬吠之盗"。

在汉武帝打击地主豪强的事例里,还有一件特殊的事情,这就是诛杀大侠郭解。

郭解,河内轵县(今河南济源市)人。郭解的父亲曾经就是一位大侠,可是在文帝时就被诛杀了,因此郭解从小便养成了一种残忍的性格。郭解虽然身材不高,但是有股子干劲。在他年少时就杀人很多,他既能为朋友两肋插刀,也能把刀插在朋友的肋上。他还屡屡窝藏亡命之徒,私铸钱币。情急之时,他还会偷掘坟墓盗取殉葬财物。如此一个无恶不作的江湖浪子,官府竟拿他一点办法都没有。可能是郭解运气好吧,一遇到官吏追捕,形势紧急的时候,他总是能顺利逃走。有一次好不容易抓到了,可又赶上皇帝大赦天下,无奈又把他放了。

郭解长大后，行为上有了些收敛，不再那么狂妄了，言行上注意以德报怨，常常给人以无私的帮助。有时救了人，也并不夸耀自己的功劳，但是仍未改变他内心的狠毒残忍。

元朔二年（公元前127年），汉武帝把关东的一些豪强迁往茂陵，郭解一家本来是达不到迁徙中所规定的标准，但是当地的官吏们都想让这个"惹不起，但还躲得起"的"浪子"离自己远一些。后来，将军卫青还替郭解说话："郭解家中贫寒，根本够不上迁徙的标准，还是让他留在当地吧。"汉武帝摇了摇头说："一介草夫竟能让将军替他说话，这就足以说明他家不贫，而且还颇有势力。不管怎么样，只要是有势力的，都在迁徙范围之内。"就这样，郭解全家还是被迁徙到了茂陵。郭解临走时，有人为他出钱千余万，愿他一路保重。

后来，郭解查到，自己之所以被迁徙，是因为轵县杨季主在县里做官吏的儿子把他提名为迁徙人选。可是他还没有来得及动手，他哥哥的儿子就已经把这个官吏给杀了。郭、杨两家从此也就结下了仇恨。

郭解到了关中之后，那些关中的豪强不论是否了解郭解，都想巴结他争着抢着要与他结交。不久，杨季主被人杀死。杨家有人上书申告，结果上书的人也被杀害在宫前的阙下。如此猖狂，如何得了！汉武帝知道这件事后，立即派官吏们去逮捕郭解。这时，郭解也知大事不好，于是把母亲等亲属安置在夏阳（今陕西韩城）后，自己逃亡了。他逃到临晋（今陕西大荔县）后才停了下来，想看看形势有无可缓。过了一段时间，还是被官府的人抓到了。官吏对郭解的罪行进行了彻底的追查，结果发现郭解犯的案子，均在大赦以前。

郭解虽然被抓了起来，但是他的同伙却仍然逍遥法外，杀人越货。

河内轵县有个儒生陪同使者一同而坐，其中有人称赞郭解如何仗义，而儒生却说："郭解专干作奸犯科、违背国家法律之事，他怎么能称得上是贤士呢？"结果，这句话被郭解一伙人听到了。几天之后，人们在街头发现了这个儒生的尸体，不光脑袋与身体分了家，甚至连舌头也被人割了下来。

郭解在狱中，也不知道儒生被杀到底是何人所为，可是明眼人一看便知，这必是和他有关联的那伙人干的，如果没有共同的利益，谁会替他杀人卖命呢？官府追查不出是谁干的，只好将郭解无罪释放。就在郭解将出狱的那天，御史大夫公孙弘说话了："郭解乃一介平民，可是他的同伙因一点小事就杀人，进行报复。此事虽然郭解不知道，但是这比郭解亲自杀人还要严重，说明他已经成为地方上的严重隐患，如果不以大逆不道罪判之，今后必将给陛下惹下更大的麻烦。"汉武帝觉得公孙弘说得有理，于是特下政令，诛灭郭解全家，郭解本人被腰斩于城门之下。

汉代打击地方豪强的传统，一直延续到宣帝时还在执行。宣帝即位时，任严延年为涿郡太守，涿郡有大姓西高氏、东高氏两家，两家横行不法，鱼肉百姓，"宾客放为盗贼"，郡中自"郡吏以下皆畏避之"，不敢违逆其意，只得忍气吞声。"宁负二千石（郡守），无负豪大家"。盗贼逃入高氏家后，官府的官吏们一看是高府，都不敢登门追捕。

时间久了，路上的行人必须携带弓箭，身带刀刃，然后才敢行走。到了夜间，街上则是空无一人。社会秩序乱到了如此地步，因此，严延年上任后，他开始严治两高，统统将他们送狱收审，连夜提审，穷究其奸，后"诛杀各数十人"，使得"郡中震恐，道不拾遗"。

三年后，严延年升为河南太守，"其豪桀侵小民者，以文内之"。

由于严延年出色的治理，使得地方上能做到"令行禁止，郡中正清"。

汉武帝时期对豪强的打击，不论在政治上还是在经济上都是一种加强中央集权的表现，同时，这项政策的实施也对社会安定、缓和阶级矛盾、削弱地方豪强对农民的压迫和盘剥等方面起到了积极的作用。可以说，打击地方豪强势力是汉武帝维护自己统治的一项不可缺少的措施。

第五节　改革军制

在政治上集权的同时，汉武帝也开始在军事上进行集权。汉制规定：男子在弱冠之年至56岁期间，服兵役两年，称为正卒。一年在本郡，另一年屯戍京师。在地方上，军事上由郡尉或王国中尉主管，他们统率本地的士卒；进行军事训练。皇帝发派国兵时，用铜虎符为验，无符不得发兵。在京城驻有南北两军，北军守卫京师，士卒多由三辅选调，由中尉率领，南军保卫皇宫，卫士多由三辅以外各郡国选调，由卫尉率领，南北二军军力都不大。按照这种军事制度，军力分散于全国各地，京城无重兵，这无法适应汉武帝加强中央集权的需要。因此，必须扩充中央兵力，建立由中央随时调遣的军队。

当时，全国的兵权都由政府掌管，军衔等级最高的是太尉。据《汉书·百官公卿表》所载，太尉，金印紫绶，为军事统治的最高行政长官。孙星衍集校的《汉官》引《汉官目录》提道："太尉身居高职，分管太仆、光禄勋、卫尉。天下有武事，太尉官置，无武事则罢。"

在汉高祖刘邦统治时期，任卢绾、周勃为太尉，高祖十一年（公元前196年）击英布后罢省，汉惠帝时仍旧任周勃为太尉。后来，文帝立周勃为丞相，灌婴为太尉，文帝三年（公元前177前）罢省。到了景帝在位时，任周亚夫为太尉，击吴楚，景帝五年（公元前152年）罢省。

太尉就是丞相的左右手，帮助丞相管理全国的军政。《汉书·文帝纪》有所记载，汉文帝三年（公元前177年），"罢太尉官，属丞相"。《循吏传》也有记载，黄霸荐史高可为太尉，宣帝派尚书召问黄霸："太尉官罢久矣，丞相兼之，所以偃武兴文也。"由此可知，兵权是受国家政府所管制的，只在有战事的时候，兵权才交给太尉，平常无事的时候，兵权归丞相府，天子并不直接统领军事。

正因如此，武帝要改革军制，他要亲握兵权，总揽朝政。建元元年（公元前140年），武帝开始着手把军政职权从丞相府中划分出来，首先他任命自己的舅舅田蚡为太尉，让自家人掌权，心里才会踏实些。到了建元二年（公元前139年）十月，武帝罢免了田蚡的太尉一职。太尉虽然官被罢免了，可是军权并没有归入中央的丞相府。这是为什么呢？

争强好胜的武帝本来就喜欢大兴武事，所以握有兵权的太尉一职自然不能空缺，可是现在竟罢免了，可见其用意十分明显，就是要夺兵揽权，把军队控制在自己的手里。他把只有行军作战才有的将军一职定为固定官职，置大将军、骠骑将军、卫将军、前后左右将军等职位，并提高他们的官职，大将军位于丞相之上，成为比太尉还要高的官员。

元狩四年（公元前119年），武帝进一步改革军制。对军衔官职的地位进一步明确，如：初置大司马以冠将军之号。但是大司马并无印绶官属，不开府治事。武帝把这些将军们入官侍中，加授官职，如此一来，将军成了自己的内臣，这样调用起来就更为方便了。军事的控制权从此彻彻底底地脱离了丞相系统，完全归属于皇帝。

武帝进行军事改革的另一项内容就是增添军事机构，扩充军队，这几乎是与裁夺丞相的兵权同时进行的。

· 055 ·

秦汉时期的军队机构大体由政府系统和宫廷系统组成，政府系统负责保卫国家的安全，如有战事，中央政府负责出兵作战；而宫廷系统的职责只是保卫皇帝及其宫廷内部的安全。武帝首先从宫廷内部系统抓起，他先是扩建了一支宫廷禁卫军。

宫廷禁卫军可分为两部分。一部分为南军，南军都是由距离天子较远的外层军事机构构成，由卫尉掌领，主要由卫士组成，负责宫门及诸离宫庙寝园的安全。当然还有长乐、建章、甘泉卫尉掌管的卫士，都举守其宫。

另一部分称为内层，指天子身边的常备军，随时听命于皇帝的调遣，即光禄勋所掌的高级侍卫队诸郎。

郎直接负责保卫皇帝的个人安危。郎又分为议郎、中郎、侍郎、郎中。需要指出的是，议郎只是作为文职出现，并不负责武事的管理。据《后汉书·百官志二》中记载："凡郎官皆主更直执戟，宿卫诸殿门，出充车骑。唯议郎不在直中。"看来，郎的职责要比卫士重要得多，卫士一般只负责殿外宫门的安全，而郎却宿卫于殿门宫内，作为皇帝的贴身保镖，责任重大。

正因如此，郎的身份和地位自然也要比卫士的地位高得多。卫士只是由一般兵卒组成，而郎天天围着皇帝转，且有官禄。议郎、中郎俸禄六百石，而侍郎俸禄四百石，郎中俸禄三百石。如果不是身兼要职，皇帝怎能对他们如此的看重。

主管郎的机构为郎署。署又分为三个层次，主署军职分别为五官，左、右中郎将，领中郎，俸禄二千石。据《汉官仪》记载："郎中令属官有五官中郎将，左、右中郎将，曰三署。"次署为车、户、骑三将，俸禄千石，统领郎中。虽然五官左右中郎将、车户骑三将的地位比郎要高，但他们同样是皇帝的亲兵、家将。因此，"三署郎见光禄勋，执板拜；见五官、左右中郎将，执板不拜。于三公、诸卿，无敬"。说明郎官的地位还是比较特殊的。

郎的人员数目已经扩充至千人，可是武帝并没有因此停下军制改革的脚步，他又在光禄勋内增设了高级侍卫队期门、羽林与羽林孤儿。据《汉书·百官公卿表》记载："建元三年（公元前138年），初置期门，掌执兵送从，比郎，无员，多至千人。"《汉书·东方朔传》中也有记载："期诸殿门，故有期门之号自此始。"期门的人员都是由擅长武艺的武林高手组成。

武帝设置期门仆射，俸禄千石有余，统领期门。太初元年（公元前104年）初置羽林，掌送从，次期门，称为建章营骑，后更名为羽林骑。羽林这一名称的由来也有多种说法，有人说是因为他们像天上羽林之星，所以称之为羽林；也有人说他们驰骑如羽之疾、人数如林之多，因此，得羽林之名；还有人说因为它是天子的羽翼，所以称为羽林。总之，不一而足，无法定论。羽林还有一个别名，称为岩郎，岩郎的意思是因为"武帝以便马从猎，还宿殿陛岩下室中。"故称为"岩郎"。

武帝把那些从军牺牲者的子孙收养于羽林，号称羽林孤儿。派专门人等训练他们弓矢、殳、矛、戈等兵器的使用。羽林分有令丞、左右监等派别。左监统领羽林左骑800人，右监统领羽林右骑900人。因此，羽林孤儿的人员更是无数，父死子代，子承父业，置令统领。据《汉旧仪》记载：

"诸孤儿无数，父死子代，皆武帝时从军死，子孤不能自活，养羽林，官比郎从官，从车驾，不得冠。置令一人，名曰羽林孤儿。"

可见，羽林孤儿带有优恤从军烈属的性质。

作为执宿卫的皇帝亲兵、家将，诸郎、期门、羽林自身都有严格的规定。如：诸郎出身必须是优秀良将之才，而期门、羽林也必须选自三辅六郡良家子弟。据《汉书·东方朔传》中所载，建元三年（公元前138年），武帝微服私行，诏令"陇西、北地良家子能骑射者，期诸殿门"。《汉书·地理志》中也有提道：

"汉兴，六郡良家子，选给羽林、期门，以材力为官，名将多出矣。"

颜师古注："六郡谓陇西、天水、安定、北地、上郡、西河。"

据贺昌群先生考说，良家子，又可称为良民、良口，实为没有市籍，也没犯罪记录，并且不是奴产子、七科谪的家世清白之民，自由之民。日本学者好并隆司《秦汉帝国史研究》也同样认为，良民，居闾右，有爵者。只有那些出身良家，且具备善骑射、能力过人的人，才能选入期门、羽林。由此可见，正是因为出于自身的不安全感，所以武帝才对高级侍卫队的身份做出严格的规定，以加强侍卫队的可靠性。《补汉兵志》有所记载：

"汉用六郡良家补羽林、期门，盖三辅、园陵赖为藩蔽，故取其子弟以备宿卫。"

在增设郎、羽林、期门的同时，武帝又增设了奉车都尉，掌御乘舆车。置副马都尉，掌副马。这些都是一种军制改革，加强集权的表现。

不仅如此，武帝还建立了一所自己的军事高校，这就是高级侍卫队。高级侍卫队成了诸郎、期门、羽林的培训基地，使以上那些部门的人员得到了有效的补充和缓解，成为名副其实的人才储备处、输送站。

光禄勋岁尾考核这些人的品行与能力，挑选出精明强干之才加以培养，使之成为一支绝对忠诚于天子的军事后备军团。当前方人员出现紧缺之时，武帝便把他们输送到屯兵所、战场、边郡、远城，担任将校，统领军队，一展宏图，为皇权效劳。

当时，出自光禄勋所领宫廷军事系统的诸将、校尉，还有边郡太守的，有很多人，较为有名的有：卫青，出身羽林，选任车骑将军、大将军；霍去病，以侍中选任骠姚校尉、骠骑将军；李广，出身郎、都尉、骑郎将，迁未央卫尉，任骁骑将军、右北平太守；公孙敖，以骑郎迁太中大夫，选任校尉、中将军、将军；张骞，以郎迁太中大夫，而任校尉、卫尉，封博望侯；李椒，以郎出任代郡太守；李蔡，以郎出任代相、轻车将军；程不识，先为太中大夫、长乐卫尉，出任边太守将屯兵；李陵，以侍中建章宫，选任骑都尉；李敢，以郎从骠骑将军；苏武，以郎、中郎将、侍中，奉节出使匈奴，封典属国；苏贤，以郎选任骑都尉；苏嘉，出身郎，选任奉车都尉；赵充国，以六郡良家子补羽林、中郎，选任车骑将军长史；荀彘，曾为侍中、御车，选任左将军。

武帝不仅通过对高级侍卫队的扩充和建设，使自己掌握了强大忠诚的常备军，而且还通过外放为将校的方法，加强了对封建王朝的统治，这不能不说是一招妙棋。

宫廷系统的军事机构已经设置齐全，剩下的就是完善政府军事系统。武帝开始着手扩建政府军，政府军如果按兵种来划分的话，可分为材官（步兵）、骑士（骑兵）和楼船（水兵）等几大部分。如果按驻守地区来划分的话，可分为另外的三个部分：一是中央军，负责驻守京师、三辅；二是地方军，负责守卫全国郡县；三是边防军，也称屯田兵，负责驻守边疆。

"三辅之兵，中尉主之。中尉，掌宫外戒司非常水火之事。常以缇骑二百人巡京师"。太初元年（公元前104年）更名为执金吾，职掌领禁备督捕三辅盗贼，徼循京师宫外，与卫尉相表里。皇帝出行，负责皇帝的安危，如有不测立即进行保护。人员上划分，可分为两丞、侯、司马、千人。属官有中垒、寺互、武库、都船四令丞。都船、武库有三丞，中垒有两尉。

元鼎四年（公元前113年），武帝在中尉下增置左右京三辅都尉、都尉丞各一人分掌三辅。三辅都尉、都尉丞兵卒都归中尉总领。中尉属官又有式道左右中候，车驾出，掌在前清道，车驾还，至宫门，宫门才开。

征和二年（公元前91年），武帝增置京师城门屯兵，由城门校尉掌领，有司马、十二城门候。武帝又初置关都尉，屯兵守卫三辅重镇、函谷关，以加强京师的守备工作。

这些军队与皇帝的贴身士卫诸郎、期门、羽林相比，距离是远了些，但是并不妨碍武帝对他们的控制。武帝派遣监军御史对这些人进行监控，监军御史作为天子的驻军代表，享有监察权和发兵权，直接控制这些军队的行动。

除中垒校尉外，武帝还增设了七个校尉。七校尉，由七种校尉组成，他们分别是：步兵校尉掌上林苑门屯兵，屯骑校尉掌骑士，长水校尉掌长水宣曲胡骑，越骑校尉掌越骑，胡骑校尉掌池阳胡骑，虎贲校尉掌轻车，射声校尉掌待诏射声士。以上人等均禄比二千石，有丞、司马。加以中垒校尉，称为八校尉。

胡骑校尉并非常备军，其他七校尉则是一支常备军，以兵为职，所掌顿屯兵。据《补汉兵志》所载：

> "置中垒校尉，以一校守之，有事屯兵其中，事已辄罢。""武帝时有诸校尉，则常屯矣。""武帝增置七校……盖选募精勇及胡越内附之人，比之期门、羽林，无复更代。而京师始有长从坐食之兵矣。"

可见，七校尉之中的每一个兵种，人数少的也不下于700人，多的竟到1200人之多。

七校尉兵与郎、期门、羽林一样，都有宿卫皇宫的职责，但是它还有一特殊职责，那就是在有战事之时，七校尉随兵作战，负有保家卫国之责，所以说七校尉实际上是由武帝直接控制的一支特殊的常备军、战斗旅。

汉初军制规定，屯驻在郡国的地方军队为更卒卫士，兵种分别有材官、骑士、楼船等，郡有郡尉。景帝中元二年（公元前148年）把郡尉更名为都尉，掌佐守典职甲卒。国由国中尉掌武事，官禄同郡都尉。郡尉、国中尉对更卒卫士进行指挥，以负责屯守郡国各地的安全保卫工作，使之成为一支合格、标准的地方军。

材官、骑士虽为郡国之兵，但是郡国并不能直接指挥他们，不过是代训而已，并无实权，因此可以说，材官、骑士不过是驻守在郡国的一支中央军，在有战事之时，随时待命出发。据《补汉兵志》记载：

> "材官、骑士岁时讲肄。然其给事郡国，唯更卒卫士。而材官、骑士，非虎符不得辄发。"

材官为步兵，一般在高原山地等地设置。大抵三河、颍川、沛郡、淮阳、汝南、巴蜀多材官。骑士，又可称为轻车骑士、车骑，则在平原地区设置。大抵金城、天水、陇西、安定、北地、河东、上党、上郡多骑士。楼船为水兵，当然是在江淮一带多水的地区所置。屯驻在全国各地的材官、骑士、楼船员数目众多，队伍庞大。

元鼎三年（公元前114年），派发至陇西、天水、安定的骑士以及中尉河南、河内卒，共计有十万余人。元鼎五年（公元前112年），南越造反，派发南方楼船12余万人。以后每年八月，郡都要举行一次军事检阅，材官、骑士习射御骑驰射阵，楼船习战射行船，课殿最，叫都试。太守、都尉、令、长、丞尉都要出席都试。

守卫边郡的边兵戍卒，只负责屯卫边疆，并不随军攻战。边郡太守掌管边郡的武事，长史掌管兵马。边郡太守下有部都尉直接统领所部戍卒，"乘障塞，治亭徼"，有东、南、中、西、北部都尉。据《汉书·地理志》所载，朔方、五原、云中、定襄、代郡、辽东有东、西、中部都尉。酒泉有东、西、北部都尉。雁门、上谷、辽西有东、西部都尉。会稽有南、西部都尉。陇西、乐浪有南部都尉。北地、武威、广汉、上郡有北部都尉。西河有南、西、北部都尉。敦煌有中部都尉。每一障塞又设障塞尉，各领守其土，层层相连，地地相通。武帝又增置一支农都尉，领内郡卒屯田塞下，以备寇虏。

元狩三年（公元前120年），武帝又初置典属国都尉，掌管归汉蛮夷之事，以备藩卫，从征伐。在乌桓归汉之后，武帝在上谷、渔阳、右北平、辽东等郡塞外围，又增置了一支乌桓校尉，用于拥节监领。打通西域之后，又增置使者校尉，为保护西域交通，使其畅通无阻提供方便。

这么庞大的军事机构，人员的供给自然成了一个很棘手的问题，武帝为了不断扩充兵员以维系庞大的军队需要，对兵役制也进行了改革，重新实行汉初的征兵制、民兵制，而且自己又独创了一种募兵制。

　　春秋时期的中原地区，统治者们主要根据各家各户人口的多与寡，进行征调。而且只是在有战事的时候，农民才应征入伍，平时则在家务农。商鞅变法后，秦国的兵役制度中其中一条就是要求兵与农的比例必须保持在一比一，而且服兵役者有明确的年龄限制，当男子到17岁，长为壮年之时便进入服兵役期，即编入国家名籍，准备随时参军。

　　男子进入兵役期后，每年须在郡县服役一月，因为服役要轮番更替，所以称之为卒更，服兵役的人故而称之为更调卒或更卒。而且每个人一生还要在中央政府服役两年，屯戍一年，力役一年，这称之为正卒。这种兵役制度仅用于平时，如有战事，另行计算。比如：长平之役，年15岁以上者便全部征发。据云梦秦简所载，秦国的民众有许多人当兵不止一次，有人一生竟达五次之多。

　　后来，这种寓兵于农的征兵制度有了改进，汉初时，役龄改为年23岁始傅。景帝二年（公元前155年），又改为年20岁始傅。始傅后，一生为正卒二年，一年为京师卫士，一年为材官、骑士或楼船。这便是最基本的全民军事训练。

　　当两年兵役期服满后，即从25岁或22岁起，每年要服短期兵役，一是卒更，屯守郡县一月；一是过更，每年戍边三日，戍边人等，出钱三百，便可免除兵役。向官府缴入这笔钱后，可另行雇佣戍者。雇佣用的钱，叫更赋。直到56岁，才解除兵役。如果实在不想当兵，更卒可出钱雇人代自己服兵役，这就叫作践更，每月需要支付二千石左右。这么高的代价，又是服役在当地郡中，所以除了实在不想服役的人，大多数人还是出于无奈服役了。践更制与过更制，可使官家豪富子弟免除兵役，因此服兵役者多为平民。

在距离京都遥远的边塞地区，武帝实行兵农合一的民兵制。这项制度由来已久，起初文帝接受晁错建议，迁民于边疆塞外，采取种种的优惠政策，如为他们筑室屋、置器物巫医、免全家赋等，使他们在那里安居乐业，不思迁移。这样选常居者，家室屯田，天下太平之时即是民，烽烟四起时便是兵，常年在外，戍守边疆。

这些安居在边塞的居民同样按军事编制制度被组织起来。五家为伍，伍有长；十长一里，里有假士；四里一连，连有假五百；十连一邑，邑有假候。挑选有才干的人当选伍长、里假士、假五百、邑假候等职务，这些长官负责训练边疆百姓学习骑射应敌技术。屯卫边民不用给材官，也无须从征攻战。到了元狩五年（公元前118年），武帝又徙天下奸猾之吏民于边，编入屯田民兵。这种种做法都可解决边境地区兵力不足的问题。

元鼎五年（公元前112年），在路博德平定南越的士兵中就有罪人在代服兵役。元封六年（公元前105年），昆明造反，武帝赦京师亡命，令其从军。太初元年（公元前104年），派遣李广利发天下谪民。颜师古注："庶民之有罪谪者也。"天汉四年（公元前97年），又发天下七科谪及勇敢士。颜师古注引张晏对"七科谪"的解释："吏有罪一、亡命二、赘婿三、贾人罪四、故有市籍五、父母有市籍六、大父母有市籍七，凡七科也。"除了七科之外，连豪吏、恶少等全都充军发配了。

其实，七科谪及勇敢士等的征发与其说是征兵制的一种补充，不如说实为一种征兵制向募兵制演变的跳板。据《汉书·武帝纪》所载，元封二年（公元前109年），"杨仆、荀彘将应募罪人"。《文献通考·兵考二》也有同样文献，天汉四年（公元前97年）从征的勇敢士，乃是"选募"入伍。由此可见，应募和选募是与征发七科谪等同时进行的。应募与选募等于为武帝的募兵制开了一个头。

关于应募与选募的对象，据《补汉兵志》中说：

"武帝之后，有选募，有罪徒。其选募曰勇敢，曰奔命，曰伉健，曰豪吏，曰应募，曰私从。其罪徒，曰谪民，曰恶少，曰亡命，曰徒，曰弛刑，曰罪人，曰应算罪人。"

看来，这些招募对象大致分为两大类，一类是贱民，另一类便是强悍之民。他们是典型的职业兵种，与普通服兵役的农民不同，他们一旦入伍，便以行军作战为职业。对于皇帝来说，他们是一支忠诚的皇家卫队，安插在祖国的边疆各地，对国家有很强的依附性，从而使得武帝对全国军队的领导更加强而有力。

以上种种事实表明，当天下太平，相安无事之时，天下之兵乃为皇帝一人亲自所管，太尉、大将军及诸将军自己的帐下均无一兵一卒，因此对全国的军队基本没有调发大权。大将军平时只不过负责军事的训练，指导士兵骑射等技能的训练。如此一来，便没有了诸将专兵自重的可能性，因此对皇权自然没有威胁，再加上诸军将领多出自于郎官、侍中，因此也就只能俯首听命于天子的指示，坚决服从指挥了。

汉武帝经过一系列的军事改革，使自己的皇权与军权合二为一。皇权的专制化，使得汉武帝成为全国最高的军事首领。内有宫廷禁卫军，外有庞大的军事集团，前有强悍的募兵，后有充足的人员补充。自己运筹于帷幄之中，而决胜于千里之外。翻手为云，覆手为雨，显威扬名，势不可挡。汉武帝通过对军制的改革，使汉朝的统治更为稳固了，建立一个文治武功的强大帝国指日可待。

第六节　削藩

刘邦统一天下后，郡县与封国并行，除同姓王室外，又封了八个异姓王。八个异姓王封地约占汉朝疆界的一半。

"飞鸟尽，良弓藏；狡兔死，走狗烹；敌国破，谋臣亡"。扫平天下后，中央政权与地方诸侯互相猜忌，杀机骤起。

汉高祖五年（公元前202年）八月，燕王臧荼首先起兵，刘邦亲自带兵平叛。

汉高祖六年（公元前201年）冬，刘邦伪游云梦，设计捉拿楚王韩信。

汉高祖六年，刘邦亲征韩王信，韩王信兵败逃往匈奴。

汉高祖十一年（公元前196年）三月，梁王彭越被灭，诛三族。同年七月，淮南王英布造反。

汉高祖八年（公元前199年）冬，赵王张耳的儿子张敖被贬为宣平侯。

刘邦又派人攻打后燕王卢绾，卢绾败亡匈奴。

七个诸侯或灭或贬或逃，无一幸存，只有长沙王吴芮势单力薄，传至文王无嗣而绝。

铲除异姓王之后，高祖杀了一匹白马，与大臣歃血为盟："非刘氏而王者，天下共击之。"

这次他分封了几个同姓王：

楚王刘交、悼惠王刘肥、荆王刘贾、赵王刘如意、淮南王刘长、淮阳王刘友、梁王刘恢、代王刘恒、燕王刘建。

据《汉书·诸侯王表》记载：

"自雁门以东，尽辽阳，为燕、代。常山以南，太行左传，度河、济，渐于海，为齐、赵。穀、泗以往，奄有龟、蒙，为梁、楚。东带江、湖，薄会稽，为荆吴。北界淮濒，略庐、衡，为淮南。波汉之阳，亘九嶷，为长沙。"

诸侯王占据了全国大片领土，其中，齐、楚、吴封地最大，几乎"分天下半"。

当时，全国54个郡，诸侯国就占39个，仅齐一国就占7个郡，归中央政府管辖的，只有15个郡。

这样，在西汉的版图上，中、西部的一小半地区听命中央，而北、东、南的大片地区则分属诸侯。

汉高祖原以为依靠亲情和血缘，就可以使基业永固，社稷永存，但是，无情的现实粉碎了他的美梦。

这些诸侯王被分封时，或年岁尚小，或羽翼未丰，不足为虑。至文帝时，诸侯王势力迅速膨胀，"大者跨州兼郡，连城数十，宫室百官同制京师"，甚至"不用汉法，自为法令，拟于天子"，影响了封建统一，削弱了中央集权。

汉文帝三年（公元前177年），文帝到太原督战匈奴，济北王刘兴居趁机反叛，拉开了诸侯犯上作乱的序幕。

过了三年，淮南王刘长原形毕露，在封国内"不用汉法，出称警，入称跸，自作法令"，驱逐朝廷命官，公然与朝廷抗礼。文帝把他流放到蜀郡，刘长绝食，"不食而死"。

中央与地方，朝廷与诸侯的权力斗争，使朝野上下人心惶惶、忧心忡忡。

贾谊向文帝上《治安策》，痛陈天下形势，危机四伏，"可为痛哭者一，可为流涕者二，可为长太息者六"，首列所谓"可为痛哭者一"就是诸侯为患一方。他比喻天下形势，小腿和腰一样粗，指头与大腿一样大，这样比例失调，日常起居都很困难，倘若有一两个指头抽搐，身心都不得安宁，若不及早根治，必然病入膏肓，即使有扁鹊的高超医术，也不能起死回生。

贾谊提出，必须立即削弱诸侯势力，众建诸侯而少其力。

不久，文帝把齐国一分为六，把淮南一分为三。

景帝时期，一场蓄谋已久的叛乱，又以晁错"削藩"为导火线而爆发。

在惠帝、高后时期，吴王刘濞就利用吴地的盐铁之利，招徕天下亡命之徒铸铁、煮盐，坐收暴利。为收买人心，他保护各地逃犯，还替民众出钱代朝廷徭役，"如此者三十余年，以故能使其众"。吴国的经济、政治势力直接威胁着中央政权。

晁错深得景帝信任，号称"智囊"，比起贾谊来，晁错是一个强硬派。他看到刘濞"诱天下亡人谋作乱"，日益骄横，反势已成，就上"削藩策"，通过"削藩"引蛇出洞，使之尽早暴露，祸患反倒小点。"今削之亦发，不削亦发。削之，其反疾，而祸小；不削，则其反迟，而祸大。"

刘濞见朝廷"削地不已"，先后串通楚、赵、胶西、胶东、淄川、济南六国诸侯密谋叛乱，叛军打着"清君侧，诛晁错"的旗号，向长安进军，史称"七国之乱"。

就在前方战火纷飞、兵连祸结之时，吴相袁盎求见景帝，说他有妙计，不费吹灰之力就可平叛，焦急万分的景帝请他速速道来。

袁盎眉飞色舞道:"吴楚反叛,皆由晁错削藩引起,当今之计,只有发使赦免七国,复其故地,则兵不血刃即可罢战。"

聪明一世的景帝,急于求成,竟然糊涂一时,表示不因为爱一个人而得罪天下,把尽心竭力、"尊天子,安刘氏宗庙"的晁错腰斩于市。

晁错死后,景帝内心虽有内疚,却平静了许多,坐等吴楚收兵,不想从前线回来的人告诉他,吴楚之乱,目的绝不仅仅要"诛晁错"。杀死晁错,是天大的错误。

至此,景帝才恍然大悟,但已无可挽回,只有喟然长叹,可怜忠心耿耿的晁错,不明不白地做了牺牲品。

三个月之后,叛乱平息。

武帝即位后,大臣们都为晁错无辜惨死愤愤不平,他们效法晁错,推抑诸侯,频频举报揭发诸侯王的过失和劣迹,不惜吹毛求疵,置之死地而后快,甚至拷打诸侯王的臣属,使他们揭发主人。一时间,诸侯王坐卧不安,悲苦不迭,怨声载道。

汉武帝在得知这一情况后,命主管部门礼遇诸侯,减少无理约束。但是,他内心同样明白,汉建朝以来中央集权与地方割据斗争的历史,使他面对诸侯王的问题,同样不能掉以轻心。

除了抗击匈奴,加强中央集权是汉武帝一生的又一要旨。要想削弱地方势力,就必须把各种权力集于皇帝一人身上,这是最基本的,也是当务之急。因此,汉武帝即位不久就从政权上着手,通过实行主父偃的推恩令,权力收归中央,使得中央集权的体制全面巩固下来。

主父偃是齐国临淄人,他早年研习纵横之术,自比苏秦、张仪,后改从儒家之学与百家之言。在他的家乡齐国,儒生们互相排挤,容不下他,他就北游燕赵、中山。

对于主父偃，武帝早有耳闻。主父偃求官无望，曾西入函谷关拜谒大将军卫青，卫青曾多次力荐，说此人有经邦治国之才，可委以重任，但是，武帝当时耳听为虚，并不在意。就这样，时光如梭，岁月如流，主父偃依然是一介平民。走投无路的主父偃，孤注一掷，决定直接给汉武帝上书。

奏章共论九个问题，其中八个有关政治和法律，一个专论伐匈奴。武帝阅罢，龙颜大悦，召见主父偃到宫内一叙，一番长谈之后，汉武帝无限感慨："你原先在哪里呢？为何相见之晚也！"

在主父偃的上书中，最能打动武帝的，是这样一段话：古代的诸侯，封地很小，只有百里左右，天子容易控制他们。今天的诸侯国却有城池数十，封地纵横千里。朝廷宽和，他们就骄奢；朝廷严厉，他们就合谋起兵，犯上作乱。如果今天依法削藩，就会适得其反，引起诸侯反叛，晁错削藩就是先例。当今，每个诸侯王都有十几个儿子，只有嫡长子才有继承权，其他子弟虽然同是亲骨肉，却得不到一尺封地。臣建议陛下，诏令各国诸侯，把地分封给所有子弟，此法叫作"推恩"。这样一来，诸侯子弟得到封地，对陛下感恩不尽，实际上分解了诸侯国，使它们日趋削弱。用不了几代，诸侯王国就不足为虑了。

武帝即位之初，西汉初期所封的诸侯王，除周边的南越、东越、闽越、朝鲜等国之外，在内地的刘姓王国还有：河间、鲁、江都、胶西、越、中山、长沙、广州、胶东、常山、清河、济川、济东、山阳、梁、齐、城阳、淄川、楚、燕、代、淮南、衡山、济北等国。

经过文帝、景帝时期的打击，此时诸侯国的实力，虽远不及"吴楚七国之乱"前，但仍然是中央集权统治的障碍。

现在，主父偃替武帝抛出了"推恩令"，这是一柄温情脉脉的撒手锏，与贾谊"众建诸侯而少其力"如出一辙，比晁错强硬的"削藩"

手腕要略高一筹。

"推恩令"颁布后，诸侯王纷纷把土地分给自己的子弟，王国的直接辖地缩小了。武帝以后，各诸侯王国辖地只有数县，地位与郡相当，再也没有力量同中央王朝抗衡了。王国封地愈来愈小，已经名存实亡。这一措施名义上是皇帝施以恩德，实际上剥夺了诸侯王的政治军事权力，缩小了诸侯王的地盘，此后"大国不过十余城，小侯不过数十里"。推恩令分封的小侯国，只能"衣食租税"，不再享有政治上的特权。这样，使诸侯王国的很多权势大大地被削弱了，如梁国被分为五，长沙国分为十六，菑川国分为十七。汉武帝又派人监督诸侯王国，一旦被抓住把柄，立即予以打击和废除。

同年春，梁王、城阳王提出，愿分部分国土与其弟。武帝当即批准，并下诏"诸侯王分与子弟邑者"，朝廷均予批准，规定诸侯王除由嫡长子继承王位外，其他诸子都可在王国范围内分到封地，作为侯国。

"推恩令"实行后，"不行黜陟，而藩国自析""王子无不封侯而诸侯益弱。"但"推恩令"要达到理想的效果，尚需几代的时间，这对汉武帝来说，太遥远了，他还在绞尽脑汁，寻找机会整治诸侯王。

这一天机会终于来到。元鼎三年（公元前114年）汉武帝对南越用兵，做齐相的卜式上书给汉武帝，愿意父子当兵，死在南越。汉武帝下诏表扬他，并封他为关内侯，布告全国，号召各诸侯向他学习。但响应者甚少，一百多个诸侯没有一个愿意从军的，汉武帝非常生气，所以他就想出一个"狠招"。

按照汉制，皇帝每年八月要到宗庙主持大祭，称作"饮酎"。"酎"是正月开始酿造，到八月饮用的醇酒。饮酎时，所有参加祭祀的诸侯王，都要贡献酎祭宗庙的黄金，称作"酎金"。酎金有规定的分量和成色，数量以百姓人口计算，每千口奉金四两，人口越多，数量越大。

这对诸侯王来说,是一项沉重的负担。他们想,这笔财产终归是落到国库中去的,也分不出是谁献的,因此偷工减料,以少充多,以次充好。这种事情多年来屡见不鲜,大家也就司空见惯了,反正死人是不会来兴师问罪的。

然而活人却抓住了这个把柄。元鼎五年(公元前112年)八月,大祭如期进行。诸侯王的酎金又如法炮制,想不到蓄谋已久的汉武帝早已恭候多时,在"孝治天下"的时代,对祖宗大不敬,可是冠冕堂皇的理由。武帝叫少府官吏测定王侯酎金的成色和分量,王侯们大惊失色,一个个面面相觑,但一切已无可挽回。

武帝抓住真凭实据,在九月便宣布:夺去"献黄金酎祭不如法"的王侯爵位。这次共有160个人成了平民。此外,汉武帝还利用诸侯王无后代的办法,又废除了一批诸侯王。经过一系列强有力的措施,汉初遗留下来的王国问题被汉武帝解决了。

尽管汉武帝苦心经营,仍然阻止不了又一场叛乱的到来。

颁布"推恩令",清除分封制。推恩令规定,诸侯王除由长子继承王位外,还可以推恩将其余的诸子在原封地内封侯,新封的侯国不再受原国王管辖,直接由各地的郡县来管理。为此,诸侯王对汉朝的"削藩"不满,一些强大的诸侯王起而反抗,于是出现了淮南王刘安和衡山王刘赐蓄谋叛乱。

当年,淮南王英布谋反,汉高祖击灭英布后,封刘长为淮南王。文帝时,刘长作乱自绝,文帝使刘长的三个儿子袭封淮南故地,一分为三:刘安为淮南王,刘赐为衡山王,刘勃为庐江王。

班固在《汉书·淮南衡山济北王传》中说:

"荆楚剽轻,好作乱,乃自古记之。"

看来淮南国有叛乱的基因和传统。刘安纵横驰骋，好读书鼓琴，喜爱文学，无所不知，又想笼络人心，声名远播，招徕四方宾客，方术之士数千人，日日讲经论道，挥毫泼墨，写成了一部名作《淮南鸿烈》，洋洋洒洒，二十余万言，就是今天常说的《淮南子》。

当时，武帝喜好儒学，由于刘安知识渊博，擅长写作，富有辩才，于辈分又是皇叔，武帝很尊重他。他的信，有来即回，为了不被贻笑大方，武帝还常召来司马相如等文章老手，将信审阅润色之后才寄给他。刘安朝见时，每每以宴席相待，两人谈天说地，古今得失，方术赋颂，无所不谈，气味甚是相投，直至夜深人静方才罢休。

刘安与太尉武安侯田蚡很要好，一次刘安朝见时，田蚡亲自到灞上去迎接，意味深长地对刘安说："圣上现今尚无太子，大王是高祖的嫡孙，躬行仁义，天下闻名。圣上一旦晏驾，皇位非你莫属！"

一句话说到了刘安的心坎上，刘安喜不自胜，于是送给田蚡很多金银珠宝。

早在"七国之乱"时，吴王刘濞曾派人游说刘安，刘安想发兵响应。他的丞相说："如果大王一定要起兵，我愿意效死为将。"

刘安把军队交给了相国，相国带领士兵，坚城闭守，不听刘安指挥，助汉为战，朝廷也派兵救援淮南，淮南才得以保全，刘安才没有暴露。

"推恩令"颁布后，刘安大为不满，勾结衡山王刘赐，"阴征宾客，拊循百姓，为畔逆事"，他们甚至制造了自己登位用的皇帝、丞相、御史大夫的印授。他们串通一气，准备联合向长安进攻，篡夺帝位。

建元六年（公元前135年）的一天晚上，一颗彗星拖着长尾巴划过夜幕，刘安看见，心中不禁一惊，疑虑重重，不知苍天又在预示什么。

他手下的群臣宾客，多是江淮间的轻薄之徒，有人趁机摇唇鼓舌。

"先前吴王刘濞起兵的时候，也有彗星出现，长仅数尺，尚且流血千里。现在，彗星长可竟天，天下当有大战。"

刘安认为，武帝没有太子，一旦天下有变，将会出现诸侯混战的局面，强者称雄。刘安一面紧锣密鼓地制造武器，加紧备战，一面派能说会道的爱女刘陵到长安刺探情报。

后来，淮南世子刘迁狂傲犯事，公卿们都要求从严惩治淮南王，武帝只允许削去三县。尽管武帝对刘安宽容为怀，刘安却不知满足，黯然神伤："寡人躬行仁义，反见削地，真是奇耻大辱。"

于是刘安又加紧了谋反的步伐，日夜查看地图，部署兵力和行军路线。密探们从长安回来，说皇上没有儿子，他就高兴；说朝廷政治清明，他就恼羞成怒。

正当刘安等待时机到来的时候，偏偏后院着火，祸起萧墙。

刘安的庶子刘不害，年龄最长，但是刘安不喜欢他，王后不以为子，世子刘迁不以为兄，当时诸侯都推恩子弟为侯，只有刘不害未得分封。

刘不害的儿子刘建为父亲愤愤不平，暗地里结交豪徒，谋害刘迁，以父取而代之。

刘迁知道后，多次抓来刘建鞭笞。刘建托人上书武帝，请求解救他们父子二人，告发了刘安谋反的阴谋。

元狩元年（公元前122年），他们的阴谋暴露，汉武帝与丞相公孙弘、御史大夫李蔡廷议，大家一致认为：刘安"大逆无道，谋反确凿，当伏诛"。

汉武帝随即命令廷尉把刘安逮捕法办。刘安父子本想就此起兵，但他们审时度势，感觉时机又太不成熟了，二人先后畏罪自杀。此狱所牵列侯、二千石及贵族数千人被处以刑罚。

　　淮南国和衡山国被废除，其地改为九江郡和衡山郡。在严惩刘安、刘赐的过程中，汉武帝发现朝廷有人与诸侯王密谋勾结，为限制诸侯王网罗人才，结党营私，他颁布了"左官之律""附益之法"和"阿党法"，用以打击那些不事天子，专事诸侯，与诸侯王结成逆党的坏分子。从此以后，诸侯王的势力一落千丈，失去了因分封制而存在的独立性，对中央皇权的威胁基本上解除了。

　　淮南王死了，与诸侯过不去的主父偃也没有善终。

　　主父偃得到武帝的赏识，汉武帝又采纳了他徙民茂陵和实边朔方的建议，一年之中，连升四级，位至中大夫，大臣们都害怕他的唇枪舌剑，纷纷向他"纳贡"，主父偃毫不客气，收取的钱物价值千金。

　　有人对主父偃说："你太蛮横了！"

　　主父偃摆摆手，不以为然："我自结发以来，游学四十余年，一无所成，父亲不以为子，弟弟不以为兄，宾客厌弃。我窘迫困厄的日子太长了。大丈夫生不得五鼎食，死也要五鼎烹。我已近暮年，所以要倒行逆施。"

　　主父偃活脱脱是"自我奋斗"的野心家，压抑得太久，一旦得势，便为所欲为，毫无顾忌。

　　"推恩令"以后，主父偃开始打击诸侯。

　　燕王刘定国妻妾成群，还与父亲的妾私通，把弟弟的妻子据为己有，主父偃处决了刘定国。后来，主父偃又说齐王刘次昌与姐姐通奸，武帝就拜主父偃为齐相，查办此事。

　　齐国是主父偃的故里，此时的他可是衣锦还乡，扬眉吐气了，他遍召弟弟和诸侯宾客，笑嘻嘻地拿出500两金子散予众人。众人欣喜之余，心中暗自盘算着如何攀附主父偃，不料，主父偃脸色陡然一变，兜头泼来一盆凉水，声嘶力竭地数落道："想当年我一文不名，穷困潦倒的时候,弟弟不给我衣食,宾客不让我进门。现在我做了齐的相国,诸君迎接我于千里之外。我今天把你们召来,是要与你们绝交!从今以后,谁也不要再踏进我的门槛!"

主父偃说罢,拂袖而去,只剩下众人手捧金子,呆若木鸡。

主父偃并没有直接审问齐王,只让人暗示他的恶行已为人知,齐王觉得自己在主父偃面前难以开脱罪责,恐怕像燕王一样被处死,于是就自杀了。

这两起事件使诸侯王心惊胆战,对主父偃畏如虎狼。

主父偃还是布衣平民的时候,也曾游历过燕、赵,燕、赵都没有人赏识提拔他。当他贵幸的时候,就首先惩治了燕王。

接下来,赵王刘彭祖就开始提心吊胆了,唯恐主父偃再加害于己,于是他打算先下手为强,告发主父偃接受诸侯贿赂,可又怕主父偃位居高官,炙手可热,不敢贸然行动。

好不容易等到主父偃做了齐相,离开京城。主父偃一出函谷关,赵王就派人上书奏了他一本。

紧接着,齐王自杀的消息传来了,汉武帝勃然大怒,以为是主父偃胁迫齐王自杀,把主父偃投到监狱,夷灭三族。

按武帝的本意,不愿激化朝廷与诸侯间的矛盾,闹得太僵,不好收场,敲打敲打就可以了,可主父偃偏偏不识时务,动了真格。在诸侯与宠臣之间,汉武帝的砝码还是有重有轻的。

在汉初的时候,分封诸侯对稳定局面起了很大的作用。但随着中央实力的增强,各诸侯不甘寂寞,也想试试戴皇冠是什么滋味,于是今天这个造反,明天那个叛乱,弄得势力相对弱小的中央集权左右为难。而汉武帝无疑是谋略家,他采用主父偃一纸推恩令,达到了权力收归中央、削弱诸侯势力的目的,使得中央集权的体制全面巩固下来。

第三章

文治

第一节 尊儒

孔子是家喻户晓、妇孺皆知的儒学大师,自从汉武帝确立了儒学在思想领域的霸主地位,至今儒学已经渗透到了中国人生活的方方面面,流淌在中国人的血液里了。

汉武帝虽然推崇儒学,但是他对董仲舒的"大一统"学术、思想的建议并没有完全贯彻实施,而是有策略、有计划地进行取舍。尊儒术,兴太学,他照办了,可是禁绝灭息百家的极端做法,他并没有苟同。

武帝"罢黜百家"的政策仅仅限于罢退诸子学官。汉初"无为而治"的政策所废除的挟书律、妖言令、诽谤法,武帝并没有明令恢复。但是在以儒学为官方学术、政治主导思想的前提下,武帝既走"悉延百端之学"的路子,又不违反诸子不能与儒学齐头并进的政治原则。司马迁对此有客观的记录。《史记·龟策列传》说:

> 至今上(按指武帝)即位,博开艺能之路,悉延百端之学,通一伎之士咸得自效。绝伦超奇者为右,无所阿私。

武帝除了学官独用儒家外,他并不排斥百家之说,禁止子学活动。元朔五年(公元前124年)他曾下诏,悉引天下方正博闻之士都进朝廷,为汉廷效力。

悉引博闻之士,与"博开艺能之路,悉延百端之学"政策一脉相承,互为补充。武帝"既招英俊,程其器能,用之如不及",一概接纳,各取所长，因人制宜地随才录用，有的亲随左右，侍中供奉；有的则位居显要，官至公卿。

不仅如此，前朝好子学的老臣们，仍被继续留在朝廷并受到重用。

汲黯乃是黄老派典型中的典型，"学黄老言""治务在无为而已"。景帝时期，他为太子洗马，现在武帝对他仍是重用，使得汲黯由谒者历迁荥阳令、中大夫、东海太守，最后又升为主爵都尉。郑当时"好黄老言"，景帝在位时，任太子舍人，到武帝时，历任鲁国中尉、济南郡太守、江都相、右内史、大司农。

武帝不仅在宫廷中重用黄老派，就是在宗室中也同样如此。楚元王刘交后代刘德"修黄老术""常持《老子》知足之计"，少时曾被召见甘泉宫，武帝赏识他，夸他为"千里驹"，被封为阳城侯。汉初的著名黄老学者司马谈，曾"习道论于黄子"，被武帝封为太史令，委以重用。在武帝的侍从郎官中，治子学的东方朔也受到同等的重用。东方朔"讽诵《诗》《书》百家之言"，王鸣盛说东方朔"亦宗黄老"。郎中婴齐也是黄老学者，同样受到武帝的重用，身居要职。

受到武帝任用的还有阴阳学者夏侯始昌、严安。夏侯始昌"明于阴阳"，武帝"得始昌，甚重之"，选他为昌邑王师，封严安为郎中、骑马令。

治申商刑名的法家和治苏秦、张仪之言的纵横家，本应是"独尊儒术，罢黜百家"明确要打击的对象，但是同样也得到了武帝的重用。

治法家言者韩安国，"尝受《韩子》、杂说邹田生所"。武帝即位时，韩安国坐法丢掉官职，回家务农。后来武帝又任命他为北地都尉，迁大司农、御史大夫、中尉、代理丞相。还有一些专治法律学的人物也同样受到武帝任用，如循吏黄霸，酷吏赵禹、张汤等，也分别在朝廷担任要职，后又分别升为中尉、廷尉、御史大夫等，各尽其责。

同时，进入朝廷的纵横家有严助、徐乐、主父偃等人。严助治苏秦言，与董仲舒同时对策。武帝很赏识他的对策，擢用他为中大夫，以便能更好地为自己出谋划策。主父偃"学长短纵横术，晚乃学《易》《春秋》百家言"。服虔注："苏秦法百家书说也"。又《汉书·艺文志》"纵横家"条著录有《徐乐》1篇，《主父偃》28篇。元朔元年（公元前128年），主父偃和严安、徐乐同时上书阙下。武帝看到奏疏后，大为赞赏他们的才干，因此连夜召见主父偃等人。当武帝见到这三人时，感慨道："公皆安在？何相见之晚也。"然后全部拜为郎中。其中，主父偃因多次上疏言事，后来尤为被武帝重用，一年中四次升官，官至中大夫。

在武帝的朝廷中，有些公卿即使是以儒术见用，但也兼治子学。比如丞相田蚡，他就兼学诸子之书。公孙弘是兼治法家，"若《公孙子》，言刑名事"。因此，在公卿大臣议事之时，虽多引五经、孔子言、但也引诸子言。如严安以故丞相史上书，曾引阴阳家邹衍言。天汉中，守军正丞胡建斩杀监军御史后，向武帝奏书报告时，也曾引《黄帝李法》言为据。可见在经学笼罩的汉廷里，还夹杂着子学的气氛。

对于郡国及民间的子学活动，武帝也是同样任其自由发展，并不加以取缔、禁止。淮南王刘安是当时著名的杂家学者，他曾招致谈论儒方学术之士人数可达上千人之多，"共讲论道德，总统仁义"，后著《淮南子》。武帝对他"甚尊之"。当然，也有以治子学举为官的，也有终身在民间讲习子学，并非为官的学者。如：邹地有法家田生公开开办学堂，以《韩非子》为课本，讲学授徒。太初、天汉年间，成都有黄老学者严君平，"博览亡不通，依老子、严（庄）周之指著书十条万言"。他以卜筮为业，每天营业至百文钱后，便停业讲学授徒，传播老子学说，"闭肆下帘而授《老子》"。也有黄老学者杨王孙，"孝武时人也。学黄老之术，家业千金，厚自奉养生，亡所不至"。据《汉书·艺文志》所载，武帝时，黄老还有《捷子》2篇，《曹羽》2篇，杂家还有《东方朔》20篇，《臣说》3篇，纵横家还有《待诏金马聊苍》3篇，等等。

"博开艺能之路，悉延百端之学"是武帝实施学术文化的一项极为重要的政策。正是因为有这一政策的支持，所以百家尽管被黜退出博士官后，朝野学者除治经学外，仍有众多专治或兼治诸子百家的学者能人在朝廷中、在民间优游论道。

第二节　唯才是举

武帝一即位，便发扬中国古代选贤任能的传统，接受了董仲舒提出的"量材而授官，录德而定位"的建议，开始广招人才，扩展仕途。

由于汉初选官制度并不完善，制度草创，官吏来源主要由封建诸侯、军功贵族集团世袭构成。

高祖得天下，论功行赏，封列侯143人，加官晋爵者更是不计其数。到了后来，每位当朝皇帝又都有加封，这些军功贵族的数量急剧增多。

汉朝初期，上至宫廷的公卿，下至地方二千石的长吏，几乎全是从列侯以下军功贵族中选任。比如宰相的选用，从高祖至景帝，汉朝的十二任丞相无一例外，都是由列侯的军功贵族来担当。御史大夫也是一样，除晁错是博士出身外，其余大部分均为列侯。

以上这种选官制度称为选贵制，还有一种称为任子制。任子制是指凡二千石以上的高级官员，且官龄满三年以上者，就可恩荫子弟一人选入中央郎署为郎。这种任子制无疑是一种变相的世袭制，它不仅没有改变封建贵族世代为官的现象，反而使这种现象愈演愈烈。

除了以上两种选官制外，还有一种资选制。资选制是指无论你是平头百姓，还是富商大贾，只要具备一定的财产就有资格选任官吏，高资为郎，低资为吏。这种制度兴起于文帝时期。有"入粟拜爵"的记载：张释以资五百万为常侍郎，最后竟官运亨通，升至廷尉。

文帝时期的资选标准为十算，即家产十万。至景帝后元二年（公元前142年）资历选取标准降为四算，即家产四万。在当时来讲，家有十万的为中产之家，有四万者便在中产以下，资选标准看来还是比较低的。

这几种任官制与选官制虽然也造就了一些公卿名臣，但改变不了人才良莠不齐、滋生弊病的整体现象。董仲舒曾指出："长吏多出于郎中、中郎，吏二千石子弟选郎吏，又以高资，未必贤也，是以廉耻贸乱，贤不肖混杂，未得其真。"正是这种以贵、富、亲为原则的选官制，造成了众多真才实学之士被埋没乃至流失，终身不得重用的后果。

不过值得称道的是汉初君臣十分重视尊贤重士，继承了选贤任能的古代选官用人传统。高祖十一年（公元前196年）曾下诏求贤，从社会上广泛选举贤士。

求贤诏由相国转发至各诸侯王，由御史中丞转发至各地郡守，命令他们在所封管治区内发掘人才，必要时，要亲往劝勉，并举荐到相国府，后用公车送到京师，入朝为官。这便是察举制与征召制的雏形。文帝时用察举制选拔官吏，他在位二十多年中，曾两次下诏选官。在文帝二年（公元前178年），文帝就诏曰："举贤良方正能直言极谏者，以匡朕之不逮。"

汉武帝自幼受到良好的教育，极为重视贤士大夫的选用，一即位便立即派使者用安车蒲轮征召文学家枚乘入仕，由于枚乘年老，死在路上，武帝又召其子枚皋到京，武帝让他担当只有贵族和高官子弟才有资格担任的高级侍卫郎官。可见，刚刚即位的武帝决心改变政府的官员构成，打破军功贵族垄断政权的局面，准备向儒学之士打开政权的大门。

汉武帝通过一系列诏令和措施，大胆改革用人制度，废除旧日取贵、积久致官的陋习，彻底打破了列侯拜相制，并逐渐建立起了一套完善的察举制和太学养士制两大选官系统。

察举制类似于现在的选举制，是通过全朝上下文武百官的选举与考试相结合的一种选官制度，初分贤良与孝廉两科。文帝二年（公元前178年）诏举贤良方正能直言极谏之士，初开贤良科，文帝十二年（公元前168年）又开孝廉科。

建元元年（公元前140年），刚即位不久的汉武帝诏举贤良方正能直言极谏之士，亲自策试。在著名的"贤良对策"中，董仲舒指出汉初从高官子弟中选官和论资排辈的用人制度有很大的弊病，使大量的有才之士因为出身和资历的限制而被埋没。董仲舒提出了养士求贤的建议：兴建太学，培养人才，革除陋习，"实试贤能为上，量才而授官，录德而定位"。汉武帝接受了这个建议，并制定了选官用人的方针，即《史记》中所记："博开艺能之路，悉延百端之学。通一伎之士，咸得自效。绝伦超奇者为右，无所阿私。"这条方针的实施，打破了论资排辈的旧习和军功贵族独占政府要职的局面。

武帝极为重视这种察举制，自建元元年（公元前140年）全国大规模推举后，又于元光元年（公元前134年）、元封五年（公元前106

年)几次要求郡国推举孝廉、贤良方正、秀才——贤良科重学识才干，为杰出人才；孝廉科重德行，为模范人才(孝廉即孝子廉吏)。并且规定未举孝廉者罪，允许官民上书言政，还下诏表示要将这些"有非常之功"的"非常之人"，破格任用为"将相"或"使绝国者"(出使远方国家的使臣)。

贤良科是不定期选举的，只在国家有大事时，如旧主去世或新主即位，或有大庆典、大灾荒、地震、日食等时候，朝廷才下诏各地选举贤良，而孝廉科则是定期举行的。起初孝廉科并不为郡守所重视，全国各郡中竟然没有一个孝子、廉吏被举进京。为此，元朔元年(公元前128年)武帝下诏，要求把举孝廉定为郡守的考核内容，不举孝便是不奉诏，将以不敬罪论处。不察廉便是不称职，并处罢官免职罪。从此，举孝举廉两制长期并存，成为汉代一种固定的制度。

由于察举、贤良、孝廉是由天子下诏举行的，所以叫作"制选"。一切考核科目均由天子所定，所以又叫"科选"。不论是皇亲国戚还是布衣平民，不管是治经还是治诸子百家言，只要经过中都王或者是诸侯王、郡守的推荐，便可被推举取得入选资格，此称为"乡举里选"。乡举里选过后，再经上层机构的审查，合格者便可被选任录用。贤良科还需经过天子出题"策试"，即御前进行统一考试，贤良以作文的形式对策，才能被录用为官。因此，这种形式被称为"贤良对策"。

从形式上看，乡举为民选，官府推举为官选，天子"策试"乃是御选，因此，可以说察举制乃是民选、官选、御选三者组成。

据《通典·选举典一》所言，元狩六年(公元前117年)武帝按人口比例具体规定各郡国的应举孝廉人数：人口二十万以上，岁察一人；四十万以上，二人；六十万，三人；八十万，四人；百万，五人；百二十万，六人；不满二十万，二岁一人；不满十万，三岁一人。并限以四科："一曰德行高妙，志节清白；二曰学通行修，经中博士；三曰明习法令，足以决疑，能按章覆问，文中御史；四曰刚毅多略，遭事不惑，明足决断，材任三辅县令。"即第一科是德行，第二科是经学，但需品学兼优，第三科是法律人才，第四科是行政人才。如此一来，武帝的官僚机构已经成为一个德才齐备的得力部门了。

元封五年（公元前106年）四月，武帝又增茂材异等科。原因是当时文武名臣年龄都很老了，退休殆尽，而新选拔上来的官员又经验不足，良莠不齐，因此造成了全国大多数的官员能力素质下降，国家缺少栋梁之材，出于文治武功的需要，武帝下诏：凡要建立不平常的功业，一定需要不平常的人才。有的马虽人乘骑它时狂走踢人然而能驰达千里，有的士虽被世俗讥刺嘲论而能建功立业。对性子暴烈的马、行为不遵法度的士，关键在于如何驾驭。令州郡察举才干足可担任将相及出使绝远国家的茂材异等。

由此可见，茂材异等科完全是一种唯才是举的行为，足见武帝对于人才的渴求。察举茂材异等后来也成了两汉时期的一种不定期的选官制度而被流传下来。

选官制度中还有一种征辟制。征辟制实为一种聘任制，朝廷可直接征聘时贤高士，凡是入围应征的，皇帝要亲自召见，无须经过策试，便可授职录用，进京为官。征辟制可分为普通征辟和个别征辟两种，顾名思义，两者唯一的差别就是在于是否明确了特定的对象，朝廷只要指名点姓地辟聘，便称之为个别征辟了。

征辟制把所征得的时贤高士分为两种。一种为官途，即征辟入朝做官，这种人为个别征辟居多。朝廷对他们也给予特殊礼遇，派专使郑重其事，卑辞厚礼，迎聘入朝。即使为官者是普遍征召的，也要诏郡守长吏亲往，晓谕旨意，公车接送。另一种为吏途，吏是指各官署掾属即帮办人员，有中都官掾属和郡县掾属，当然还有狱吏，即法官。汉朝的中央各部门首长、地方政府首长均由朝廷任命，但是吏都由首长自己征召辟用，这种制度叫作"辟署"。武帝用安车蒲轮，征聘枚乘和申培，便是"辟署"的典范之作。

元光五年（公元前130年）八月，武帝又下普遍征召令，要求不管是吏还是民，只要精通时务圣术、有学识才干者，便可与"上计"的官员偕同进京，并且由沿途县次提供饮食住宿。元狩六年（公元前117年）六月，又下调遣博士褚大等六人，分道循行天下征辟，独行君子至行在天子巡幸之地。至此，征辟制已经作为汉代的正规的选官制度确定下来了。

此外，还有太学养士制、公车上书制等一系列的选官制度。太学养士制是通过国立大学详延天下之士，选拔培养郎吏，于教育与选官相结合的一种制度，即已经为科培养文官的一种选官制度。而公车上书制是指吏民可以乘公车直接到阙下上书言事议政，有特殊才能的人还可直接上书自荐，朝廷可从中拔识人才，不必通过擢用或试用的制度。武帝极为重视吏民上书，吏民的上书较为朴质，能针砭时弊地提出朝廷中所存在的问题，通过上书，武帝对某些"言""能"可取者，用其所长，授以官职为此，武帝在其宫阙内设置专门机构，以接待这些吏民的上书。主管此事的长官必须是卫尉一级的，官属公车司马令，六百石，才能受理吏民所上奏章。可见武帝对此的重视，有时他还会亲自召见公车上书之人，与之一叙。

由于武帝用人心切，提倡吏民上书，不拘一格地选拔人才，使得"通一伎之士，咸得自效""四方士多上书言得失，自衔鬻者以千数"，这些人多为毛遂自荐，武帝批阅起公文来也是不厌其烦。如：东方朔初入长安，用3000片竹简上书言事，武帝竟耐心地读了两个月之久。

公车上书因无门第、身份之分，也无学术、思想之限制，所以做得颇有起色，人人得而为之，踊跃言事。

武帝通过公车上书，掌握了许多隐匿的下情，通过这种公车上书的方式加强了与社会民众的联系，并且还发掘、收罗了像东方朔、主父偃、朱买臣这种贤臣以及医、卜、音律、历算、方术方面各式各样的人才。

察举与太学养士为常规化的正规仕途，察举倾向于选举与考试，而太学偏重于读经与考试，择优选官当然是好，但是不能忽视的另外一点，就是百姓不可能都有机会上太学，被察举，这样难免造成人才的流失。而征辟制与上书自荐则可以弥补察举与太学养士制的不足。武帝通过多样化的选官制度，广开仕途，扩展才源，最终使得群才竞进，天下之士咸得自效，实在是难得。

在武帝的选官制度成型后，任子制与资选制早已被淘汰出局，察举制中的贤良和茂材异等成为郎、吏的主要来源。

由于贤良和茂材异等，以及征辟入朝的，可以直接由武帝授职进入中央和地方政府为官。贤良经"策试"后，自然成了天子的得意门生。其他途径收罗来的人才，武帝对他们也都广为利用，巧妙控制，如察举的孝廉、太学甲科毕业的、上书自荐的，以及二千石子弟、外戚子弟、高资入仕的，皆令他们为自己的皇权服务。武帝常用的方法便是把他们安置在光禄勋府里常随左右，让他们成为自己的智囊团大夫行，给他们封官加职，在郎署为郎。就算那些太学乙科毕业为吏、辟署为吏以及更低资为吏的，只要有了成绩也可参加察举孝廉，从而进入郎署。武帝亲自挑选，层层把关，经过细致的安排，合理的步骤逐渐把自己的高级侍卫团建设成为了一个吸收人才、储备人才的官员中转站。

这些为官为郎的贤良们在这里长期接受皇权的熏陶与培养，使他们对皇权产生了一种绝对的忠诚。武帝根据自己的需要，量材录能，把他们随时派发出去，担任中央和地方政府的各种角色，为至高无上的皇权效劳。

当时出现了这种现象：中都官和郡县守令基本都由郎官担任，郎已经成为中高级军政官员的代名词，想要当官必须做郎。武帝通过不断地"制选""策试"直接掌握了仕进之途，并且通过光禄勋府的控制确保了这个庞大官僚群的稳定性。

武帝广开仕途，大辟才源，有着政权向社会开放的积极合理的一面。这个合理的一面就是选贤与能、德才并重和唯才是举，以察举制和太学养士两大基干，招才纳贤，网罗人才，武帝对他们合理利用，使这些多才多艺的人大量涌进官僚机构，给自己的官僚机构注入新鲜的血液，提高了各级官吏的质量。难怪苏轼说："汉法郡县秀民，推择为吏，考行孝廉，以次迁补，或至二千石，入为公卿。古者不专以文词取人，故得士为多。"

汉武帝不拘一格，广开仕途，招贤任能，大胆任用了一大批开拓型人才，进行政治、经济、文化等改革，真正体现了汉武帝的雄才大略，让后代史家赞不绝口。班固在《汉书·公孙弘卜式倪宽传》中曾极言武帝时人才之盛：

> 公孙弘、卜式、倪宽皆以鸿渐之翼困于燕爵，远迹羊豕之间，非遇其时，焉能致此位乎？是时，汉兴六十余载，海内艾安，府库充实，而四夷未宾，制度多阙。上方欲用文武，求之如弗及，始以蒲轮迎枚生，见主父而叹息。群士慕向，异人并出。卜式拔于刍牧，弘羊擢于贾竖，卫青奋于奴仆，日䃅出

于降虏,斯亦曩时版筑饭牛之朋已。汉之得人,于兹为盛,儒雅则公孙弘、董仲舒、倪宽,笃行则石建、石庆,质直则汲黯、卜式,推贤则韩安国、郑当时,定令则赵禹、张汤,文章则司马迁、相如,滑稽则东方朔、枚皋,应对则严助、朱买臣,历数则唐都、洛下闳,协律则李延年,运筹则桑弘羊,奉使则张骞、苏武,将率则卫青、霍去病,受遗则霍光、金日䃅,其余不可胜纪。是以兴造功业,制度遗文,后世莫及。

按照班固的排列,汉武帝的朝廷之上,文臣武将之中,真是各色人等,应有尽有。再细细思量,我们就会发现,汉代的不少历史名人,均出于武帝时期,即使是通观整个封建社会,汉武帝时期的人才盛事也是历史上极为少见的。如果说汉武帝是月亮,他们就是捧月的群星,群星璀璨,共同照彻了时代的天空,谱写了时代的旋律。

通过用人制度的改革,汉武帝直接或间接地把选拔官吏的权力掌握在了自己手中,形成了以皇权为中心的官僚制度,使地主阶级中下层的知识分子踏上了仕途,巩固了西汉王朝的统治基础。在汉武帝的周围聚集了一大批政治、经济、军事、外交、文学等方面的人才,如提出"罢黜百家,独尊儒术"的大经学家董仲舒,大政治家主父偃,大史学家司马迁,大文学家司马相如,大军事家卫青、霍去病,大农学家赵过,大探险家、外交家张骞以及从牧羊人中提拔的卜式,从商贾中提拔的桑弘羊,从少数民族中任用的金日䃅,再加上公孙弘、韩安国、郑当时、苏武、霍光等,构成了整个一代辅佐之臣、开拓将领,出现了"汉之得人,于兹为盛""兴造功业,制度遗文,后世莫及"的兴盛局面。

第三节　整顿吏治

人是会随着时间和空间的变化而做出相应改变的，即使是再忠诚的奴仆也不可能绝对的可信。正因有感于此，汉武帝除了命郎署对官员们进行特殊的忠诚教育和训导外，主要还是靠加强监察，增设监察机关，建立严密的督责系统，来维护自己的统治，以加强对这个庞大的官僚群的有效控制。对独揽大政的武帝来说，这种手段所获得的结果也更让他感到心里踏实。

西汉初期，高祖秉承了秦时的监察制度。在中央的官制设置中以御史系统的建立来执行这套督责之术。御史系统作为一个专门机构，称为府，又称寺及宪台。称尚书为中台，谒者为外台，与御史台合称为三台，共为一个体系。

御史大夫为御史府的最高长官，位上卿，银印青绶，职在典正法度，掌副丞相，有两丞，秩千石。其外督部刺史，内领侍御史员15人（这15人简称"御史"或"侍御"）。御史这一职位，周朝时期就已出现，但并不是作为监察制度来建立的。真正与秦汉御史制度一脉相承的是侍御史，侍御史又称柱下史、柱后史，老子曾为之。侍御史掌管四方文书，有执法职能，头戴法冠，身着法礼之服。据《汉官仪》记载：

"秦改为御史……张苍秦时为御史，主柱下方书，侍御史之任也。"

周朝时期，除了侍御史外，还有小宰一官，也与秦汉时期的御史制度相似。

秦汉时期的御史大夫具有两种职能。一为副丞相，协助丞相理政；二为最高监察官。赵翼《廿二史札记》卷二中有载：

"汉承秦制，设丞相、御史大夫，以理朝政，谓之二府。"

皇帝为了便于自己的直接控制，将御史大夫设在殿中办事，别居殿中的御史中丞就是它最为重要的属丞。

御史中丞执法殿，是实际用事的最高专职监察官，是纠察百官和丞相的具体职务。《汉书·百官公卿表》中有载：

"中丞，在殿中兰台，掌图籍秘书，外督部刺史，内领侍御史员十五人，受公卿奏事，举劾按章。"

在《汉官仪》中也同样提道：

"别在殿中，兼典兰台秘书，外督部刺史，内领侍御史，受公卿章奏，纠察百僚。"

兰台即宫中的藏书之所，实为内朝档案馆，公卿奏事举劾章书均藏在兰台。

御史中丞居在殿中，近于天子，这样无形中便有了受公卿奏事的特殊权力。在武帝之前，天子诏书经御史大夫下丞相，经中丞下郡守。杜佑《通典》中载："初汉御史大夫有两丞，一曰御史丞，一曰中丞，亦谓中丞为御史中执法。汉高祖诏征贤良，御史大夫下相国，相国下诸侯王，御史中执法下郡守。"

由此可见，御史中丞作为副丞相御史大夫的属丞，别居殿中，近于天子，有为天子监察百官之责。

以上只是对中央的官吏进行监察，对于地方，秦朝设置监察御史掌管监守各郡，一张权力的控制网撒向全国。可是汉朝初期，由于经济衰落，因此高祖、惠帝、文帝、景帝均主张"无为而治，天下少事"，丞相总揽朝政等原因，监御史实际上只是作为一个摆设，只有在丞相需要时，才委派其监守各郡。马端临《文献通考》中有载：

"至惠帝三年，又遣御史监三辅郡，察词讼……其后诸州复置监察御史。文帝十三年，以御史不奉法，下失其职，乃遣丞相史出刺并督监察御史。"

丞相辅佐天子，总揽朝政，日理万机，行使治理国家的一切权力，当然也包括监察百官等职责，御史府只是辅佐丞相监察百官的一个空架子，根本没有任何权力，监察之责早已失效。控制欲强烈的武帝怎么能容忍大权旁落，丞相监察百官呢？为此，武帝加强了对臣僚的督责，改革监察制度。

集中监察权，取得对文武百官的直接控制权，即在加官内朝制度中设"诸吏得举法"。宋代章如愚说："尚书、诸吏等官未置，所谓亲近天子而疏决内外以助人主听断者，惟此一人而已。武帝以中丞之官，不甚周密。于是始置中书，居中受事，又置诸吏居中举不法……于是中丞之官，不得居中制事，特不过掌治刑狱等官而已。"

所谓不甚周密，这里无疑有两层含义：一是职责未明确，面对所受百官的奏事未尽举劾不法之事；二是监察权的具体权力范围不明，在殿中受命于天子，再加上为御史府属丞受丞相统领，自己根本没有任何实际有效的权力。

武帝面对这一状况，首先对监察制度进行了一系列的改革。除罪法劾案外，天子诏书、天下奏章可以不经御史中丞之手，从而削弱御史中丞的权力。其次又在天子与御史系统中，增设了一个新的督责监察机构，即内朝诸吏。武帝通过诸吏居中举不法，从而使得自己直接取得监察大权。

令人意想不到的是，由于内朝干政，诸吏居中举不法，御史中丞多处受到掣肘，职权两无，反而无法正常发挥监察百官的作用。一时豪强乘机而起，二千石长吏阿党比周，横行霸道，鱼肉百姓，导致社会动荡，人心惶惶，皇权专制的统治发生了严重的危机。监察制度的设立本是以天子耳目为宗旨，谁知层次增多，出现高度的官僚化，反而使之耳目失灵，群情壅蔽。总之，现在的御史制度已经适应不了日益繁重的监察业务的需要，武帝又增设监察官和新的监察机构。

"中丞之权既分，则内而侍御史，外而部刺史，其职皆弛而不振。是以武帝末年，公卿守令多为奸猾而皆不能制。于是内置司直、司隶，外置绣衣直指，皆厚其禄，重其权"。

绣衣直指乃是御史系统中的新职，增设于天汉二年（公元前99年）。《汉书·百官公卿表》中有载："侍御史有绣衣直指……武帝所制"。绣衣直指御史出行职权，天子赐穿"绣衣"，以示尊崇，受皇帝直接指示，"出讨奸猾，治大狱"，职不常置。

丞相司直及司隶校尉也是在专制主义监察制度中的新的组成机构。据《汉官仪》所载，丞相司直，设置于元狩五年（公元前118年），官比二千石，掌佐丞相举不法，"职无不监"，同御史中丞有相等的权力。征和四年（公元前89年），武帝又增置司隶校尉，秩比二千石，持节，率中都官徒千二百为司隶兵，捕巫蛊，督查察视大奸猾，负责三辅、三河（河南、河内、河东）、弘农地区的监察。

王先谦《汉书补注》卷十九考引《续百官志》有载:"司隶校尉职掌察举百官以下及京师近郡犯法者。"看来,司隶的职权确实很大,监察范围下至各州郡国,上至皇太子、三公,甚至包括皇太后,权力之大,令人惊叹。

任官得人者,就必须得接受"刺举无所回避",而使"公卿贵戚及郡国吏繇使至长安,皆恐惧,莫敢犯禁"。每次早朝,御史大夫、司隶校尉、尚书令都备有专坐,称为"三独坐"。

武帝的中央监察系统主要由御史中丞、丞相司直、司隶校尉三官组成。从地位的尊卑划分,首先是御史中丞,御史中丞虽然禄不过千石,但是乃为传统的监察官和监察机关,历史悠久,所以位序最尊。其次是丞相司直,丞相司直之下是司隶校尉。

三个部门虽同为监察机构,同样具有监察权,但却各有各的立场。比如:御史中丞以传统的典正法度为立场,执宪中司;而丞相司直站在丞相总领行政的立场上,整肃官纪;司隶校尉则是受命于天子,以"天子奉使命大夫",无所不纠。如此一来,三官之间也相互督察。杜佑《通典》卷二十四《职官六》中提道:"武帝时,以中丞督司隶,司隶督丞相,丞相督司直,丞相司直督刺史,刺史督二千石,下至墨绶。"丞相司直可为丞相督察御史大夫及其属丞、司隶校尉。三官相互鼎立,相互监督,同时又都受制于内朝诸吏,无形之中,均受到了武帝的严密控制。

元封五年(公元前106年),汉武帝年满50岁,文治武功大有成就。晚年时期的他,又采取了一项重大的加强中央集权的政治决策,增设地方监察官制,创设州派刺史,共13人,禄六百石,掌奉诏条察州,内受御史中丞的总领督责,史称十三部刺史。

汉制规定,行政和监察是根据区域进行划分的。行政区域是以郡国为单位，监察区域是以部或州为单位。

顾颉刚先生曾经指出，十三州刺史部所监督统隶十三个郡国，由于班固《汉书·地理志》多讹误疏失，他曾著有《两汉州制考》予以校订。参照《两汉州制考》，十三州刺史部所监隶的郡国分别是：

豫州刺史部：辖境约相当于今淮河以北伏牛山以东豫东、皖北地区，颍川郡、汝南郡、沛郡，梁国——凡监三郡一国。

徐州刺史部：辖境相当于今江苏长江以北和山东东南部地区，琅邪郡、东海郡、临淮郡、泗水国、广陵国、楚国、鲁国——凡监三郡四国。

青州刺史部：辖境相当于今山东东部、北部和河北吴桥县地区，平原郡、千乘郡、济南郡、北海郡、东莱郡、齐郡，胶东国、高密国、菑川国——凡监六郡三国。

冀州刺史部：辖境相当于今河北中南部、山东西端及河南北端，魏、巨鹿、常山、清河郡，赵、广平、真定、中山、信都、河间国——凡监四郡六国。

兖州刺史部：辖境约相当于今山东省西南部及河南省东部，陈留、山阳、济阴、泰山、东郡，城阳、淮阳、东平国——凡监五郡三国。

荆州刺史部：辖境约相当于今湖北、湖南两省及河南、贵州、广东、广西的一部，南阳、江夏、桂阳、武陵、零陵、南弧，长沙国——凡监六郡一国。

益州刺史部：辖境约相当于今四川折多山、云南怒山、哀牢山以东、甘肃武都、两当和陕西秦岭以南、湖北郧县、保康西北、贵州除东边以外地区，汉中、广汉、犍为、益州、蜀、巴郡等八郡。

扬州刺史部：辖境相当于今安徽淮水和江苏长江以南及江西、浙江、福建三省、湖北英山、黄梅、广济、河南固始、商城等县地，庐江、九江、会稽、丹阳、豫章郡，六安国——凡监五郡一国。

朔方刺史部：辖境约相当于今银川至壶口的黄河流域，北括阴山南北、南迄陕西宜川、宁县一线，北地、朔方、五原、西河、上郡——凡监五郡。

交趾刺史部：辖境相当于今广东、广西的大部和越南的北部、中部，南海、郁林、苍梧、交趾、合浦、九真、日南——凡监七郡。

凉州刺史部：辖境相当于今甘肃、宁夏和青海湟水流域，陕西定边、吴旗、凤县、略阳等县，陇西、金城、天水、武威、张掖、酒泉、敦煌、安定、北地、武都——凡监十郡。

并州刺史部：辖境约相当于今山西大部和内蒙古、河北的一部，太原、上党、云中、定襄、雁门、代郡——凡监六郡。

幽州刺史部：辖境相当于今河北北部、辽宁大部分及朝鲜大同江流域，勃海、上谷、渔阳、右北平、辽西、辽东、玄菟、乐浪、涿郡，广阳国——凡监九郡一国。

十三州部合司隶校尉所监三辅、三河、弘农全国各地，一张铺天盖地的监察网已经形成，全国上下，文武百官，无一例外全都成为这张权力网中的棋子。

十三部刺史具有极重的监察权，不管是诸侯王，还是郡守令长，都可进行监察。不仅如此，还可直接把那些有问题的侯王、郡守平案治狱。刺史代表皇帝治狱，所以被称为诏狱。根据《汉书·百官公卿表》颜师古注引《汉官典职仪》对部刺史所具有的监察权有详细的说明：

> 刺史班宣，周行郡国，省察治状，黜陟能否，断治冤狱，以六条问事，非条所问，即不省。

第一条，强宗豪右，田宅踰制，以强凌弱，以众暴寡。

第二条，二千石不奉诏书，遵承典制，倍公向私，旁诏守利，侵渔百姓，聚敛为奸。

第三条，二千石不恤疑狱，风厉杀人，怒则任刑，喜则任赏，烦扰苛暴，剥戮黎元，为百姓所疾，山崩石裂，妖祥讹言。

第四条，二千石选署不平，苟阿所爱，蔽贤宠顽。

第五条，二千石子弟怙恃荣势，请托所监。

第六条，二千石违公下比，阿附豪强，通行货赂，割损政令。

可见，刺史的监察范围之大，所涉及的领域包括政治、经济、司法、吏治、用人、民事等，几乎都在监察范围之内。武帝把这些监察的重点圈定在二千石长吏、强宗豪右之内。王先谦所著的《汉书补注》有所记载，刺史有督察诸侯王之权。刺史主州，有治所。每年八月巡行所部郡国，视察监狱、录囚徒、督课、考殿最、弹劾、举荐。王鸣盛也同样认为，刺史监察的重点对象主要为诸侯王，他说："历考诸传中，凡居此官者，大率皆以督察藩国为事。"

同中央的御史、司直、司隶官制一样，十三州部刺史同样为武帝精心设计的监察制度的重要组成部分，但是它不同于以上提到的那些监察官吏。州刺史官小但权力却极重，所得俸禄少但是却被授予殊尊。

刺史禄仅为六百石，"治状卓异，始得抉擢守相"。但是他可做皇帝的钦差大臣，代表天子行事，口含天宪，奉令行事，权重至统辖一州，诸侯王二千石长吏无不督察。禄卑且官小，不易坐大，利于皇帝控制，只有在奉行诏令之时，才能行施权威。由于权重命尊，督责除害便毫无顾忌，果敢行事，办事效率极高。同时，为了防止刺史权力滥用，武帝又对刺史的权限做出六条规定，且要求御史中丞和丞相司直可对其进行督察。

刺史没有固定治所，每年八月巡视所辖郡国，考察吏治，奖惩官员，断治冤狱，"以六条问事"，这六条详细规定了刺史监察的范围。刺史不处理一般行政事务，专门检查各地豪强的违法乱行和地方长官郡守、国相等人的营私舞弊行为，经考察认为优秀的地方长官可以推荐到中央任九卿，认为恶劣的可罢免。刺史职权重大，升迁迅速，是代表皇帝监督地方官员的得力干将，同时由于刺史品级不高，又不管理日常事务，这就使部（州）只是一个监察区域而不会形成一级新的地方行政组织，从而防止它权力膨胀以致发展成新的独立王国。这一措施的施行，使地方豪强势力受到了遏制，社会趋于安定。汉武帝又任用一批执法苛刻的官吏，依靠他们狠狠地打击不法官吏和豪强地主。

顾炎武《日知录》卷九《六条以外不察》中提道："汉时，部刺史之职，不过以六条察郡国而已，不当与守令事。"这样，各州刺史便无法侵犯各郡国的行政权了。

部刺史以六条察事，对整顿官纪、澄清吏治及维持皇权统治秩序有着极为特殊的作用，因此备受史学家顾炎武赞赏："夫秩卑而命之尊，官小而权之重，此大小相制，内外相维之意也。"刺史六条，"为百代不易之良法"。

刺史和司隶校尉的设立，加强了中央对地方的控制，起到了强干弱枝的作用。

就官制本身而言，御史、丞相司直、司隶校尉，以及以六条察事的十三州部刺史，这样一套完整的监察系统，既有一定的合理性，又有一定的弊端。

　　合理之处在于加强了皇权专制统治。武帝通过改革、健全中央监察官制，直接掌握了中央的监察权，他以六百石刺史奉诏监察州郡，设十三州部刺史直接掌握对全国各地的监察。同时，这些刺史脱离了皇帝的诏命就难有作为，因此便成为他名副其实的忠实爪牙，只知俯首听命，没有任何独立性。武帝通过对监察制度的加强与完善，使自己统治的天下形成了一张严密的耳目网、控制网，整个国家随时都处在自己的掌控之中。

　　这种制度也是有弊端的，如果用人不当，就会造成官吏互相倾轧，纷纷打着纠察之名，党同伐异，争权夺利，相互之间的矛盾会加深恶化，最为明显的例子就是御史府与丞相府的争端。御史大夫张汤利用职权之便加害丞相严青翟，同时又与丞相三长史朱买臣等人结怨。三长史又要与人合谋陷害张汤，朱买臣揭发张汤阴私，张汤自杀。张汤的昆弟、诸子准备厚葬他时，汤母说道："汤为天子大臣，被恶言中伤而死，何必厚葬！"于是，便用牛车载棺，薄葬了张汤。当武帝得知此事后，一气之下杀了三长史，丞相严青翟连坐下狱，自尽身亡。

　　御史大夫与中丞之间也有矛盾、摩擦。河东李文与张汤很早就结有仇怨，但是一直没有机会进行报复。后来李文升为御史中丞，得"受公卿章奏"，于是，便从奏章中搜集张汤的材料，准备加害张汤。御史大夫张汤知道此事后，心急如焚，但却束手无策。后来鲁谒居告发了李文的奸事，李文正好落在张汤之手，张汤公报私仇，乘机杀了李文。由此可见，如果用人不当，必将造成弊端，宵小之徒，手握重权，张汤等人因禄卑而急于事功以求擢迁，所以用法严酷之势，可想而知。

第三章　文治

·099·

武帝运用法家的运势术，建立起来的专制主义监察制度，使御史、司直、司隶校尉三官形成相互监督之势，对臣僚们起到了有力的牵制作用，校尉加强了对百官的控制、驭使，从而达到集权于一身的最佳效果。

第四节　兴修水利

农事是万民之本，关系到国家的生死存亡，人民的安康福祉。特别是治水弭灾，在古代中国被视为是关乎"国之利害"的首要民政，有人也视之为国家的责任所在，甚至是对上天意志的一种执行。汉武帝深知，农乃国之根本，他对农业的重视程度超过了在他之前的很多君主，由此带来显而易见的结果是，汉朝的政治、经济、文化都翻开了崭新的篇章。

从《史记·河渠书》和《汉书·沟洫志》所载的中国兴修水利的概况中看到，中国古代大规模兴修水利的工程是从春秋时期开始的，从战国至西汉的兴修水利工程中出现了一个高潮，而在西汉时期全国兴修水利的高潮就是在汉武帝时期出现的。可见，武帝十分注重兴修水利，一旦地方发生水灾，武帝就会立即委派公卿大臣负责治水。

由于重视水利，武帝时期开通了渭渠、龙首渠、白渠以及灵轵渠、成国渠等渠道，江河流域的灌溉工程获得了很大发展。汉武帝乃是秦汉时期兴修水利工程最多的一位皇帝。

从历史的时间顺序上看，武帝兴修水利主要有两个时期，一个是在元封元年（公元前110年）之前，这一时期兴修水利主要是在以关中为中心的中原地区。而另一个时期是元封二年（公元前109年）堵塞黄河瓠子决口后，群臣争言水利，最终使得水利发展至河西地区、淮河流域、山东等地。

汉武帝从即位之初到元封元年（公元前110年），所兴修的水利工程主要是围绕关中、河东、汉中等地进行。

关中地区作为秦汉政权的中央政府所在地，在战国时期，秦国就十分注重在此地兴修水利，秦王嬴政在统一六国前就修建了郑国渠。郑国渠是一个大型水利灌溉工程，此渠沟通泾、洛二水，经泾阳、三原、高陵、富平、蒲城等县，长300余里，可灌溉4万多顷田地（合今200多万亩）。武帝在全国兴修水利也是从关中地区开始的。

武帝之所以这样做，主要有以下几个原因：

首先，关中作为全国的政治、经济、文化中心，也是首都长安的所在地，消费物资、粮食比重都很大。要是从外地运输粮食等物资的话，成本极高，劳民伤财，得不偿失。所以，需要增加粮食产量，开拓水路交通，方便运输。

其次，防备旱灾，解决国民灌溉问题，增加土地肥力，改善生产条件。

最后，作为武帝开发大西北的供应基地、军事基地，必须把关中地区建设成为供应前方的粮仓。

所以，武帝不得不把关中的农业发展与水利的兴修结合起来，以解决农田的灌溉及物资的运输之需。

元光六年（公元前129年）大司农郑当时上奏说："以前关东的粮食皆从渭水运来，用时需六月之久，况且渭水水路有九百余里，且有极为难走的地方。如果引渭水从长安开渠，从南山下去到黄河三百余里，此道水宽路直，便于漕运。用时只需三月。而且，漕渠两旁，民田万余顷，这样又解决了灌溉问题。如此一来，既可以减少漕运时间又可以减省运输的士卒,关中之地也更加肥美,所得之谷便会更多。"武帝认为此话有理,于是他选择修建漕渠,令齐人水工徐伯测量土地,派遣几万士兵挖漕渠。

漕渠,自长安西南的昆明池起,途经今临潼、渭南、华县、华阴、潼关,最后直达黄河,全长300余里,可使山东物资顺着水路,长驱而入,直达长安。同时,还可解决万顷良田的灌溉问题,漕渠成了一条既能运输又能灌溉的两用水利工程。

漕渠的建成确实起到了不小的作用。汉初高祖时从关东运粮每年数十万石,漕渠建成后猛增至400万石,到武帝元封年间(公元前110—前105年)增加到每年600万石。

在漕渠建成后,河东郡守上书:"每年从山东运粮到关中百余万石,可是所经之地,山高水急,极为危险,况且路途遥远,河流弯曲,且斜坡过多。因此,途中丢失的粮食也很多,而且费用极大。如果能从穿渠引汾河水灌溉皮氏(县城在绛州龙门)县、汾阴县,再引黄河水灌溉汾阴、蒲坂地区的土地。所经之地,斜坡又少,且近四百里,几年之后便可把河旁边闲弃的土地变成五千顷良田,预计每年可得谷二百万石以上。谁料几年之后,黄河改道,渠无法用,种田的人连一粒种子都收不回来。时间一长,粮田荒废,武帝把这个地区留给了迁来的越人,朝廷对此也是大力扶持,只是进行象征性地收税。"

武帝同意了他的建议,"发卒数万人"作渠田。

在元封元年之前,武帝还修建了一条龙首渠(施工中掘出恐龙化石,故名)。在此之前,有人上书,褒水与沔(汉水)相通,斜水与渭水相通,两条渠道皆可行船运粮。运粮从南阳上沔(汉水)转入褒水,从褒水到斜水时,中间有百余里陆路,用车转运,而后从斜水转入渭水。这样,汉中的谷物便可沿渭水逆流而上,而不必再经过砥柱山的艰险地带，从而直入关中。武帝同意了他的建议，封张汤的儿子张印为汉中太守，率领几万士兵开渠。建渠具体时间未有记载，大约是在元朔、元狩、元鼎之时修建而成的。此渠修了"十余岁"，这是一条引洛水灌溉的水利工程。

但这条水渠中有陆路，不能通船漕运，于是，有个叫严熊的人上书说："临晋（今大荔）的百姓希望穿凿洛水灌溉重泉（今陕西蒲城县东南）以东一万多顷盐碱地。这些荒地如能用水灌溉，可以亩收十石。"于是，武帝"发卒万余人穿渠"，从征（澄城）引洛水到商颜山下，由于洛水河岸堤土质松软，容易崩塌，因此在此凿井。由此，形成多处"井渠"，井深的有四十多丈，井下相通行水，水往下流穿过商颜山，井渠之名，从此得来。据《史记·河渠书》所载"井渠之法自此始"。后人认为"井渠"输水是中国人民的一个创造，它开创了后代隧洞引水施工法的先河。

武帝太初三年（公元前104年）李广利围攻大宛城时，大宛城断水，城中汉人教会他当地百姓使用的"掘井法"，由此证明，中亚的掘井技术确实是从中国传去的。王国维先生在《西域井渠考》中也曾提道：中亚、波斯等地坎儿井，"此中国旧法也"，并以实例论证了井渠输水是由中国人发明的。

在元封元年之后，武帝兴修水利又进入了另一个高潮。这一时期兴修水利无论在数量上、地区上都远远超过前一个时期，那就是武帝对黄河的治理。黄河穿过黄土高原、峡谷进入下游平原，河水中带有大量泥沙，因此常常泛滥成灾。西汉时期同样如此。文帝十二年（公元前168年）河决酸枣（今河南延津县境），东溃金堤（今河南滑县北，又名千里堤）。因此，"大兴年塞之"。三十六年之后，武帝元光三年（公元前132年）三月，黄河之水因从顿丘（今河南清丰西南）改道东南流入渤海。五月，在濮阳（今河南淄阳西南）瓠子处又出现决口，向东南经过巨野泽流入淮泗，泛滥地区遍及十六郡，给人民带来很大的灾难，使这一地区"岁以数不登，而梁、楚之地尤甚"。

武帝即命主爵都尉汲黯、詹事郑当时征发服役的民众和刑徒填塞决口，"发卒十万修堵"，然而，几次堵塞，均告失败。

而此时为丞相的武安侯田蚡，他的封邑在黄河以北的俞（今山东夏津县），黄河从南边决口，东南受灾，河北却得益，封邑的收入增多。目光短浅的田蚡对国家的经济亏损并不顾及，只想自己得益。因此，他对武帝说："江河之决皆天事，不容易用人力勉强堵塞，强塞之未必应天。"一些望云气用术数的方士也以为如此，因此受了天人感应观念影响的武帝没有继续堵塞决口。瓠子决口二十多年后，粮食常年不收，其中，梁、楚之地最为严重。

直到元封二年（公元前109年）四月，刚封禅过的武帝，因天旱少雨，以为是天意干封，才再派遣汲仁、郭昌发卒数万塞瓠子决河。这次，武帝亲临工地瓠子决口处，沉白马玉璧于河中祭祀河神，并命令群臣自将军以下都背负着柴草填堵决口，因东郡当时烧草，柴薪少，便砍伐淇园的竹子竖插于河中并填柴和土石筑堤。决口终于堵住了，黄河又恢复了故道。武帝高兴之余，又命人在上面建造了一座宫，名曰宣防宫。后来，为了防止黄河再次泛滥，武帝又命内瓠子引黄河水北开二渠。从此，梁、楚一带没有水灾，得到了安宁。

在堵塞决口过程中，武帝还作了两首《瓠子歌》：

其一

瓠子决兮将奈何？

浩浩洋洋，虑殚为河！

殚为河兮地不得宁，
功无已时兮吾山平。
吾山平兮巨野溢，
鱼沸郁兮柏冬日。
正道弛兮离常流，
蛟龙骋兮放远游。
归旧川兮神哉沛，
不封禅兮安知外！
皇谓河公兮何不仁，
泛滥不止兮愁吾人！
啮桑浮兮淮泗满，
久不反兮水维缓。

其二

河汤汤兮激潺湲，
北渡回兮迅流难。
搴长茭兮湛美玉，
河公许兮薪不属。
薪不属兮卫人罪，
烧萧条兮噫乎何以御水！
隤林竹兮揵石菑，
宣防塞兮万福来！

从这首《瓠子歌》我们可以看出，虽然武帝重视治理黄河，但是他却听信了小人的谗言，汲黯、郑当时征发卒塞决口未成功之后，并没有进行及时的修补工作，并将此事一搁便是二十多年。要不是元封元年（公元前110年）他在封禅的路上了解了事情的真相，他还一直蒙在鼓里呢，即《瓠子歌》第一首中"不封禅兮安知外"。他曾在一封诏书中提到，在封禅过程中，曾"问百年民所疾苦"，但得到的回答却是"惟吏多私，征求无已"种种之说。《史记·封禅书》中也曾记载，武帝封禅途中"方忧河决"。所以，武帝才在封禅后的第二年，即元封二年（公元前109年），立即进行黄河堵塞工作，并且亲临现场，督率治河。

两首《瓠子歌》抒发了武帝在堵塞河决过程中坚定的信念，以及成功之后的喜悦之情。武帝是中国历史上第一位亲临现场治理黄河的皇帝，仅这一点就可以让他永垂青史。

武帝亲临瓠子治河的行为所取得的成果不仅是直接的、表象化的，而且重要的是它具有一种更大的象征意义及号召性，并由此带来了水利灌溉事业的普遍展开和迅速发展。"自是之后，用事者争言水利。朔方、西河、河西、酒泉皆引河及川谷以溉田。而关中灵轵、成国、湋渠引诸川，汝南、九江引淮，东海引巨定，泰山下引汶水。皆穿渠为溉田，各万余顷。它小渠及陂山通道者，不可胜言也"。

据《汉书·沟洫志》所载，武帝在元封二年（公元前109年）修好黄河瓠子决口之后，由于"用事者争言水利"，所以又有了灵轵、成国、湋三渠等的修建。三条渠道建成之后，共灌溉田地万余顷。

灵轵渠：从陕西周至县灵轵起，流向东北，注入渭水。灌溉范围为周至、户县及咸阳渭河南几千顷田地。

成国渠：从渭水北岸的眉县引渭水向东流入蒙茏渠，在汉长安城北注入渭水。灌溉范围为今眉县、扶风、武功、兴平、咸阳等县市的田地。

元光六年（公元前129年）春，武帝采纳大司农郑当时的建议，调发卒数万，按齐人水工徐伯的设计，开凿从长安到华阴（今陕西华阴市）三百多里的直渠，直渠引渭水入渠通河，渭渠历时三年开通，溉田万余顷。

郑国渠：凿成"百三十六岁"后，武帝元鼎六年（公元前111年），左内史倪宽奏请穿凿六辅渠，武帝说："农，天下之本也。泉流灌浸，所以育五谷也。左、右内史地，名山川原甚众，细民未知其利，故为通沟渎，畜陂泽，所以备旱也……令吏民勉农，尽地利，平繇行水，勿使失时。"六辅渠的具体开凿及完成时间应该是在元封元年（公元前110年）以后，这点史料并没有详细说明。

六辅渠：是在郑国渠上游南岸今泾阳、三原县境挖六条辅渠，灌溉郑国渠旁地势较高的田地。俗话说，"人往高处走，水往低处流"。然而，六辅渠却能把郑国渠的水引入地势高仰的田地里灌溉。可见，西汉兴建水利工程的技术已经有了很大的进步。

太始二年（公元前95年），赵国中大夫白公又奏请在郑国渠上穿渠，此渠引泾水从谷口起，到栎阳入渭水。因是白公奏请开凿的，所以，由此得名"白渠"。

白渠：流经今泾阳、三原、高陵、临潼等地，全长200余里，灌溉面积可达4500顷。由于白渠的引水解决了农业的灌溉问题，使得农业产量迅速提高，民众深受其利。有歌曰："田于何所？池阳、谷口。郑国在前，白渠起后。举臿为云，决渠为雨。泾水一石，其泥数斗。且溉且粪，长我禾黍。衣食京师，亿万之口。"可见，因白渠的修建，使国家和人民都获得了良好的经济效益。

汉武帝在兴修水利方面超过了以前的帝王，其数量之多、地域之广、规模之大，在诸方面都可谓是空前的，而且在重视程度、水运与溉田数方面都有较大成效。

汉武帝兴修水利，有的是在大臣的建议之下兴修的，也有的是在他巡视途中，发现问题后立即进行补修的，如堵塞黄河瓠子决口。无论是在什么情况下兴修水利，都表明武帝对于兴修水利的重视和认真，这点是不言而喻的。

此外，武帝还十分注重另一个问题，那就是兴修水利时所使用的劳动力。

兴修水利时使用的劳动力主要是卒。所谓卒，是指那些服徭役的农民和服兵役的农民。据《汉书·沟洫志》所载，汉武帝"发卒数万人穿漕渠"，修河东渠田时"发卒数万人作渠田"，修龙首渠"发卒万人穿渠"，又"发卒数万人塞瓠子决河"。由此可见，兴修水利是一项取之于民、用之于民的政策。只有天灾治理好了，人民才会安心生活，"不致饥贫破产，卖妻鬻子，成为流民，亡逃山林"。从更长远的角度来看，兴修水利是有利于国计民生的大事。要稳定和巩固小农经济，发展全社会的农业生产，并使小农勤于耕织，"吏民勉农"，就必须重视治水，注重江河流域的灌溉工程。

应当说，武帝兴修水利取得了一定的成绩。由于水利事业的发展，使得社会秩序趋于安定，同时，也对生产秩序起到了一定程度的保证和促进作用，在朝廷大获其利的同时，农民也能稍受其益。

勉农政策实施的灌溉工程肥沃了土壤，农民力田勤耕，增加了粮食的收成，解决了京师粮食的供给问题。"吏民勉农，民得其饶，就业安居"，社会问题相对减少，部分社会矛盾也呈缓和之势。

总之，汉武帝是中国历史上在兴修水利方面作出重大贡献的皇帝，兴修水利即是他"德润四海"治国理想的有机组成部分，也是他力图富国安民的重要手段之一。

第五节 经济天才

常言道：创业难，守业更难。而业愈大则守业就愈难。汉武帝虽然继承了一笔"文景之治"的文化遗产和物质遗产，可是他所面临的却是如何把这种精神遗产发扬光大，如何把这种物质遗产扩大并使之增产。汉武帝通过对经济政策的准确把握，使自己的江山社稷的稳定。这也正是他成为一代明君的重要因素之一。

由于频繁的战争和宫廷的奢侈消费，汉武帝即位后，经济出现了紧张的局面。元狩二年（公元前121年）至元狩四年（公元前119年）的三年间，用去的钱物数字就相当惊人：匈奴浑邪王招降时，赏赐的财物价值"数十百万"；山东发生水灾时，郡国仓库的钱粮用光了，只得把70多万关东贫民迁到西北和东南，用去钱物很多，使得国库亏空；张骞第二次出使西域时，带去钱物价值几千万。如此，因支出过多，无法弥补，汉朝面临财政困难。

从元狩四年（公元前119年）开始，汉武帝决心改变这种状况，任用侍中，桑弘羊和大司农丞孔仅为财政大臣，并出台了一系列经济政策，开始进行经济改革。

经济改革的第一点就是改革币制，权归中央。

汉初，允许郡国私自铸钱，文帝时"除盗铸钱令，使民放铸"，于是"盗铸如云而起，弃市之罪不足以禁矣"。这样一方面造成币制混乱、物价上涨、钱币贬值，阻碍了商品流通；另一方面也使一些贵族官僚、富商大贾操纵造币之权,富敌天子,威胁朝廷。

例如,汉景帝时"七国之乱"的首谋吴王刘濞,就是依靠铸币、煮盐发家,集聚了雄厚的经济力量。吴王在起兵叛乱时说:"寡人金钱在天下者往往而有,非必取于吴,诸王日夜用之弗能尽。有当赐者告寡人,寡人且往遗之。"

可见,诸侯王操纵铸币权,势力逐渐膨胀,成为"吴楚七国之乱"的经济基础。

汉初以来,货币质量低劣,而且私人铸币也被政府允许,市面上的货币轻重、大小,各地郡县各不相同,货币不统一,折算困难。这就破坏了国家的财政收入和财政制度,不利于经济的发展。

汉武帝即位后,立即宣布铸三铢钱来代替以前的半两钱。同时禁止私铸,盗铸者处死,但盗铸之风仍不减。三铢钱通行一年多以后,又恢复使用半两钱。元狩五年(公元前118年),又下令停止使用半两钱,开始改用五铢钱,使货币的实际重量与币面文字一致。汉武帝三番五次地改用货币,目的就是要使那些货币私自铸造者无利可图。

到了元鼎四年(公元前113年),汉武帝下令禁止郡国铸钱,销毁各地私铸的货币,在全国成立专门的铸币机构。由水衡都尉的属官钟官、辨铜、技巧三官负责铸造五铢钱,钟官负责铸造,辨铜负责审查铜的质量、成色,技巧负责刻范。

新铸的钱称五铢钱(也称上林钱或三官钱),重如其文,钱的质量很高,也便于流通,又有严令加以保护,盗铸者无利可图,从而使币制稳定下来。汉武帝中期至隋朝止的六七百年间,五铢钱成为历代封建王朝统一使用的标准货币。在币制改革时,汉武帝公布法令:"凡私自制造各种钱币的,罪皆死。"后来百姓因铸币而犯法被处死的有

10万人之多。许多商贾看到改革货币制度，便把所积的货币变成货物囤积起来，使劳动人民受害不小。

汉武帝依靠强大的国家力量，统一了货币，使封建国家的经济力量得到加强。

经济改革的第二点就是盐铁官营，这是汉武帝从经济上向地方豪强争夺财力的一场斗争。这一举措大大加强了中央对经济的管理权，削弱了地方割据势力，大大增加了国家的财政收入，有利于国家的稳定发展。

盐和铁自古以来是事关民生、举足轻重的问题。在中国古代就有私人煮盐一说，而冶铁业主要是从战国至西汉初年逐渐发展起来的。私人煮盐、冶铁的著名人物有猗顿、邯郸郭纵、宛孔氏、曹邴氏、蜀卓氏、程郑等。这一时期，中原地区煮盐、冶铁业的主要劳动力是农民。据《管子·轻重甲篇》所载，战国时齐国地区"聚佣（佣工）而煮盐"，即聚集佣工煮盐。而《史记·平准书》中也记载，武帝在盐铁管制之前，盐铁业中"浮食奇民欲擅管山海之货，以致富羡，役利细民，其沮事之议，不可胜听"。可见当时的盐、铁业是一种"浮食奇民""役利细民"的经济关系。

控制了盐、铁的生产和流通，不仅控制了国家的经济命脉，还可获得政治上的特权。战国至汉初涌现出了许多以盐铁业为生的大富豪。这些大盐、铁业者"上争王者之利，下锢齐民之业"，即向上与国家争利，对下又垄断人民的谋生之路。

汉初，盐、铁任私人经营，国家仅设官收税。汉文帝以后，对盐铁经营更加放任，"纵民得铸钱冶铁煮盐"。一时间，富商大贾、豪强地主往往占有山海，"专山泽之饶，或采矿冶铁，或煮海制盐"，垄断对国计民生有重要影响的冶铁制盐业，有的因而"富至巨万"，有的"与王者埒富"，经济势力的膨胀往往支撑着政治野心，这些人"连车骑，游诸侯……拟于人君"，不仅影响了中央的财政收入，而且在国家遇到财政危机时，这些大富豪竟然无动于衷，各自雄踞一方，形成割据势力。

为了增加中央政府的财政收入，打击富商大贾的势力，元狩四年（公元前119年），武帝任用齐地大煮盐者东郭咸阳，南阳大冶铁业者孔仅为大司农丞，主管盐铁方面的事情，侍中桑弘羊以会计计算用事，"言利事皆析秋毫"。这三人共同筹备策划有关盐铁等经济改革方面的事宜。

盐和铁都是山海和天地出产的，而这些自然资源的税收本来是由天子私人财政的少府管理来负责的，现在全由掌握国家财政的大司农来管理，这无疑是一个很大的变化，它必然带来一场经济体制的变革。《史记·平准书》有载：

"山海、天地之藏也，皆宜属少府，陛下不私，以属大农佐赋。"

《盐铁论·复古篇》载：

"山海之利，广泽之畜，天地之藏也，皆宜属少府。陛下不私，以属大司农，以佐助百姓。"

这样一来，就大大有利于大司农代表国家组织全国盐铁的生产和销售，以补充国用。

元狩五年（公元前118年），汉武帝采纳了大司农孔仅和东郭咸阳的建议，颁发了"盐铁官营"的诏令。孔仅、东郭咸阳提出实行盐铁官营的具体办法如下：

第一，禁止私人经营盐铁业。诏令中规定，把冶铁、煮盐、酿酒等重要工商部门收归中央，由国家垄断经营，并且指出"敢私铸铁器、煮盐者，钛左趾，没入其器物"，也就是说，对那些敢于私铸铁器、煮盐的人，被罚左脚戴镣铐，使其无法正常行走，然后再没收其从事生产的器具。

第二，在全国设置盐铁专卖署，任命当地的大盐商为盐首或铁官，管理煮盐、制造铁器和买卖盐铁等事务。出产铁的郡自然要设铁官，不产铁的地方设小铁官，以熔化废铁作农具或用具，并属所在县管辖。即《史记·平准书》所说"郡不出铁者，置小铁官（冶炼废铁），便属在所县"。

孔仅和东郭咸阳乘驿遍巡全国各地设置盐铁处，封盐铁官，取缔私营盐铁业。同时，任命原来的盐铁业主为官营铁业的官吏。后来，武帝又令桑弘羊为治粟都尉，领大司农部，主管天下盐铁事务，进一步推动了官营盐铁的实施，"置大司农部丞数十人，分主郡国，各县往置均输盐铁官……天子以为然，许之"。元鼎六年（公元前111年），博士徐偃等循行天下，"矫制（假托君命）"让胶东、鲁两国煮盐铸铁，后被处死。看来，武帝推行盐铁官营的政策是认真的，对于那些胆敢违背政策的官吏惩罚是严格的。

据《汉书·地理志》所载，当时全国范围内有二十七郡设有盐官三十六个，有四十个郡国中设有铁官四十八处，甚至更多。具体数字还是有待详查，比如《汉书补注》引钱大昭所说，当时全国"有盐官者三十六，有铁官者五十"。设盐官最多的地方首先属今山东地区，共设十二处。其次是今河南省，设有八处盐官。就连西北方地处今内蒙古的朔方、五原，今宁夏固原市（安定三水），今云南安宁市（益州连然），今广东广州市（番禺）都设有多处盐官。今四川宜宾市（犍为郡）、湖南郴州市（桂阳郡）、甘肃临洮县（陇西郡）也都设有铁官。可见当时大司农管辖之大，影响之广。

汉武帝实行盐铁官营取得了不俗的成绩，缓解了政府的财政困难。

元鼎年间，汉朝政府连年出兵，军费耗资巨大，而这么大的一笔开销又是从何而来呢？据《史记·平准书》载：

> "汉连兵三岁，诛羌，灭南越，番禺以西至蜀南者置初郡十七，且以其故俗治，毋赋税。"

新郡设立后，武帝从邻近的南阳、汉中以南的各郡调拨大量的食、币、物等物资，然而新设郡县却常常起兵造反，杀害汉朝使节官吏。于是，武帝又对南方发兵征伐，两年之内竟用了一万多人，而所用的军费全都"仰给大司农，大司农以均输调盐铁助赋，故能赡之"。原来这些巨大的军费开支都是由均输官调拨盐铁卖的钱而供给的，这就足以说明了盐铁官营在解决财政危机方面的巨大作用。

盐铁官营不仅解决了国家军费开支方面的财政困难，而且在人民的社会生活方面也大有影响。如《盐铁论·轻重篇》所说：

> "今大夫……总一盐铁，通山川之利而万物殖。是以县官用饶足，民不困乏，本末并利，上下俱足。""当此之时，四方征暴乱，车甲之费，克获之赏，以亿万计，皆赡大司

农。此皆扁鹊之力，而盐、铁之福也。"

同时，政府实行盐铁管制也有利于抑制兼并之举。《盐铁论·复古篇》说：

> "今意总一盐铁，非独为利入也，将以建本抑末，离朋党，禁淫侈，绝并兼之路也。"

即在一定时间内，盐铁官营不仅增加了国家的财政收入，而且为了建本业抑末业，从而有效地防止了盐铁业主利用经济力量结成"朋党"与官府对抗。这样一来，禁其"淫侈"生活，防止他们把农民的土地兼并。可以说，无形之中也是对地方分裂势力的一种打击。据《盐铁论·禁耕篇》所载：

> "异时盐铁未笼，布衣有朐邴，人君有吴王……吴王专山泽之饶，薄赋其民，赈赡穷乏，以成私威。私威积而逆节之心作。"

以前各诸侯王常常是专山泽之饶，私自煮盐铸铁，随着经济实力的膨胀，自己的野心也逐渐膨胀了。他们纷纷收买民心，拉帮结伙，势力步步壮大，最终导致地方叛乱。而通过盐铁官营的实施，诸侯王们的经济势力得到了有效的控制，最终使得他们无法与中央政权相抗衡。

通过盐铁官营制的实行，冶铁业的规模扩大了，使得这个领域人力充足、资金雄厚，通过明确的分工，系统的安排，大大地提高了生产力的发展水平及产品质量。比如：今在河南巩市挖掘出来的一处汉代冶铁遗址,就可看出当时的冶铁业的规模之大,遗址现场占地二万一千多平方米,近二十多座冶炼炉,以煤饼作为燃料进行炼铁,有时甚至可直接炼出熟铁和钢,可见当时的冶铁技术已经相当成熟。

官营冶铁业中所制造的犁壁、犁铧、犁冠齐全的犁头,再加上农学家赵过推行代田法后所使用的耧犁,均有助于农业技术的发展及新耕作方法的推广。《盐铁论·水旱篇》中大夫说,以"家人合会"的作坊式生产,它所炼出的铁质量差,使"铁力不销炼,坚柔不和"。而通过盐铁官营的实施,铁器质量得到明显提高。"卒徒工匠以县官日作公事,财用饶,器用备……吏明其教,工致其事,则刚柔和,器用便"。

汉武帝通过盐铁官营和改革币制,把国家的两大财政支柱抓在自己手里,确保了汉帝国的经济安全。

在孔仅、东郭咸阳二人上奏盐铁官营的同时,桑弘羊提出了均输与平准。

均输、平准是国家垄断商品的运输、买卖、价格以增加国家财政收入的改革措施,在解决国家财政困难方面曾起过重大作用。

均输一词,古已有之。据《越绝书》卷二载:

"吴两仓,春申君所造。西仓名曰均输,东仓周一里八步。"

这就说明战国时期已经有了"均输"一词,只不过这种均输与商业经济活动无关。在《盐铁论·本议篇》中也有这样的记载:

"盖古之均输,所以齐劳逸而便贡输,非以为利而贾万物也。"

同样，这里所说的"均输"与武帝时期的"均输"政策还是不同的。武帝时期的均输明显是以官府通过商业的经营为国家谋利，而前者则是另一层意思。

从均输的推行时间上来看，主要分为两个时期：第一次是元狩五年（公元前118年）孔仅、东郭咸阳提议实行盐铁官营，铸五铢钱。三年之后，也就是元鼎二年（公元前115年）武帝初置均输制。

据《史记·平准书》载：

"桑弘羊为大农丞，管诸会计事，稍稍置均输以通货物。"

这次实行均输还只是处在试验阶段，"稍稍置均输以通货物"。而第二次则是在元封元年（公元前110年）武帝令桑弘羊为治粟都尉，领大司农，在全国推行均输政策。

元封元年（公元前110年），诸多官府把囤积的货物在市场上出售，他们互相争利，导致物价上涨，有时所得货物甚至都抵偿不了雇工运输费用。因此，桑弘羊"请置大司农部丞数十人，分部主郡国，各县往置均输盐铁官……天子以为然，许之"。

经过这两次的试办和推行，均输制已经在全国范围内建立起来了，全国各地都设立了均输官，进行均输的监督、执行工作。

那么，究竟什么是均输呢？《盐铁论·本议篇》大夫（即均输的创办者、御史大夫桑弘羊）曰：

往者郡国诸侯各以其方物贡输，往来烦杂，物多苦恶，或不偿其费。故郡置输官以相给运，而便远方之贡，故曰均输。

即调剂运输，由大司农令统一在各郡国设均输官，负责将各地的贡品，除部分供应京师需要的之外，其余的统统运到行市最高的地方去销售，并把卖得的钱上交中央。这样，既消除了运输的不便，又减少了大量运费支出，减少直接运输的损耗。

按照他的说法，各郡国都有一定数量的特产贡输朝廷，但是经过长时间的路途奔波，原有的物品已经变成了"多苦恶"的次品、劣品，所以细算下来这些运来的货物有时都抵不了运费，简直是得不偿失。为此，根据桑弘羊的建议在各郡国设立均输官，专门负责营运工作，这样便可节省路途遥远的运费，名曰"均输"。

据《史记·平准书》所载，元封元年桑弘羊实行均输时，"令远方各以其物商贾所转贩卖为赋，而相灌输"。即把便宜的贡品运到相对价格较高的地方卖掉，在这种倒买倒卖的过程中，政府赚取利润。

在《汉书·百官表》注引"孟康曰"中，对均输又做了更为全面的解释，内云：

谓诸当所输于官者，皆令输其土地所饶，平其所在时价，官更于他处卖之，输者既便，而官有利。

可见，均输既对纳贡赋税的地方有利，又对国家政治统治有利。基于这两点，便可把上述《盐论·本议》中桑弘羊所说的郡国地方之利与司马迁所说的国家之利概括起来比较，才能全面解释均输的具体含义。即：在大司农设均输令、郡国地方设均输官，负责办理有关均输的事务；把各地输京的贡赋等物品按时价转运至价高的他地出售，再收购其他物品，辗转贩运，最后把国家所需物资运到长安。这样做的目的是为了减省远方郡国的运费负担，又可使国家在辗转贩运中赢利，并得到质量好的物资，这其中包括盐铁、丝麻织品、布帛、粮食等国家军需、百姓必备之品。

均输的实行与盐铁官营等措施相结合，及时解决了当时政府的财政危机。据《史记·平准书》所载，就在桑弘羊大力推行均输之际，武帝"北至朔方，东到泰山，巡海上，旁北边以归。所过赏赐，用帛百余万匹，钱金以巨万计，皆取足大农"，后又实行"吏得入粟补官"等政策，终使"边余谷诸物、均输帛五百万匹，民不益赋而天下用饶"。这就足以说明武帝任用桑弘羊等人推行的均输、盐铁官营之法是成功的、正确的。它能及时解决国家面临的财政困难，有效缓解阶级矛盾的激化。

通过均输措施所转运来的物资还解决了"兵师之用"，起到了防水旱灾荒的作用，同时也相对减轻了偏远地区的运输负担。据《盐铁论·力耕篇》载，大夫曰："往者财用不足，战士或不得禄，而山东被灾，齐、赵大饥，赖均输之畜，仓廪之积，战士以奉，饥民以赈。故均输之物，府库之财，非所以贾万民而专奉兵师之用，亦所以赈困乏而备水旱之灾也。"

又如元封四年（公元前107年）关东地区发生大灾荒，流民多达"二百万口，无名数（户籍）者四十万"，如果不是靠均输贮存的物资来进行赈济，朝廷哪有那么大的开支可供这些人受用呢？而《盐铁论·本议篇》中所说的"均输则民齐劳逸"，就是指均输制度有利于减轻偏远地方的运输负担和减轻徭役。

均输的优点之多，还远不止这些，其中还有最重要的一条就是它狠狠地打击了靠贩运物品发财的大商人。

从春秋战国开始，便有一批专靠转贩物品大发其财的大商人出现。如《史记·货殖列传》所载，"汉兴……富商大贾周流天下，交易之物莫不通，得其所欲"，他们"滞财役贫，转毂百数"，通过投机倒把，贩运物资，成为一方巨富，如：洛阳的史师财至七千万，就是最好的例证。而均输在全国实行后，许多物资转运工作均由当地均输官组织，所得赢利也全都归国家所有，这无疑对那些投机商们是一种严厉的打击。

不过在均输的执行过程中也出现了不少的弊病，如国家原意是把全国各地出产的物品、特产输往中央，然而在执行中有人却把这种原意扭曲了，有些官吏任意刁难民众，要求他们把自己无力生产的东西上贡，百姓无奈只得把自己原有的贡品贱卖，以求免去其罪。这些情况的出现，无疑又加重了农民的负担。所以，如《盐铁论·本议篇》文曰：

"今释其所有，责其所无，百姓贱卖货物，以便上求。间者，郡国或令民作布絮，吏恣留难，与之为市……行奸卖平，农民重苦，女工再税，未见输之均也。"

看来均输政策也并不是十全十美的，不过我们应该认识到，在封建官僚政治下，这种不合理现象的发生是在所难免的，这只能说跟当时的政治体制有关，而与武帝的功过是非关系不大。

与均输政策同时推出的还有一种政策，那就是平准。

元封元年（公元前110年）桑弘羊在各郡国设均输官之时于京师长安设立平准。

据《盐铁论·本议篇》载：

"开委府于京师，以笼货物。贱即买，贵则卖。是以县官不失实，商贾无所贸利，故曰平准……故平准、均输，所以平万物而便百姓。"

也就是说：京师之地设立"委府"，主要是接受和储存各郡国均输官运输过来的贡品，即收笼天下货物。当货物低于市场价时就买进来，当货物高于市场价时便卖出去，国家从中获利。长此以往，国家便可掌握大量物资，富商大贾则无法从中谋利，此为"平准"也。

在《史记·平准书》中也同样记载了平准的含意，而且还做了实施平准设置的背景、采取的措施、出现的情况及所要达到的目的，内云：

置平准于京师，都受天下委输。召工官治车诸器，皆仰给大农。大农之诸官，尽笼天下之货物，贵即卖之，贱则买之。如此，富商大贾亡所牟大利。则反本而万物不得腾踊。故抑天下物，名曰"平准"。

大体意思同《盐铁论·本议篇》中大夫所说的话差不多，也是指出平准是在郡国设均输官的同时，在京师设平准官，接受均输官输送来的货物；大司农所属诸官掌握了天下的货物，物价贵就卖出去，物价贱了就买进来，而且令工官制造车子和其他器具，供均输、平准官用，所需费用均由大司农供给；最后使富商大贾无法谋大利，天下之民便回到立国的根本"重农"上去，物价自然也就不会暴涨了，从而达到"平万物的物价而便百姓"的效果。

其实，这种"平准"之法与战国初期李悝在魏国实行的平籴法有很多的相同之处。据《汉书·食货志》所载李悝曰："籴甚贵伤民（非农业平民），甚贱伤农。民伤则离散，农伤则国贫，故甚贵与甚贱，其伤一也。"看来，李悝只是要求统治者要了解当年粮食的丰歉情况，丰收之年用适当的价格把农民手中的余粮收购回来，在歉收之年以较为公平的价格再把粮食粜出去。而桑弘羊则把这一办法贯彻于国家所能垄断的一切物品之上，这就比李悝的仅把"平准"之法用在粮食的购销上要高明得多。

首先，平准在全国推行或贯彻的初期，确实对平抑物价、增加国家财政收入、防止商人牟取暴利诸方面都起到了积极作用。其次，它与均输、盐铁官营等措施一样，及时解决了武帝时期国家的财政经济困难。然而，事事都有两面性，随着平准的推行与深入，它消极的一面也显现出来了。

从政治体制上讲，平准无疑是一种国家对商业活动的垄断政策，即"擅市"。在这种封建体制的总前提下，就免不了政府要通过朝廷的政令来进行经商。在下达政令的过程中，难免有人从中做手脚，乱发号令，即"猥发"，来影响正常的商业经营。

从人员设置上讲，掌控平准大权的官吏不可能一律是良吏，必然有贪官污吏杂混其中，他们与奸商互相勾结，坑害百姓，强迫其贱卖贵买，从中赢利，扰民、乱民的结果，最终对朝廷的统治不利。

其次，平准虽使"商贾无所贸利"，但是它也侵害了一些中小商人的正当利益。因此，在盐铁官营、均输、平准等措施中，就有人对这种国家垄断经济提出了质疑，如《史记·平准书》所载卜式曰：

"郡国多不便县官作盐铁，铁器苦恶，贾贵，或强令民卖买之……今弘羊令吏坐市列肆，贩物求利。亨弘羊，天乃雨。"

又如《盐铁论·本议篇》载：

"县官猥发，阖门擅市，则万物并收。万物并收，则物腾跃。腾跃，则商贾侔利。自市，则吏容奸，豪吏富商积货储物以待其急。轻贾奸吏收贱以取贵，未见准之平也。"

这就更为集中地阐明了平准在推行过程中的种种弊端。

总体来说，均输、平准两大经济政策的实施，既有成功之处，也有不足之点。但汉武帝在非常时期，通过均输、平准两大经济政策的实施，使得中央垄断了商业，本该商人获得的利润归中央，百姓的赋税没有增加，中央的财政收支状况却得到好转。

汉武帝为了增加政府的财政收入，除加强盐铁官营制和推行均输、平准政策外，还推行酒类专卖即"榷酤"打击富商大贾。这些措施的执行终于帮助武帝渡过了当时的财政难关。

盐铁官营制和均输、平准推行后，收入虽然增多了，但是国库开支的赤字现象依然存在。继元封年以后，武帝要每隔五年去泰山修封一次。有时甚至不到五年便去一次，而且每次耗资巨大。同时，他还频繁到雍祭五帝、到汾阴祭后土、到全国各地去祭名山大川，类似这样的礼仪祭祀活动数不胜数，如果把这笔费用加起来又该是多少呢？

正不知如何是好时，突然有一天有人向汉武帝提出了一个曾经灵验过的老办法——"榷酤"。

那么，什么是"榷酤"呢？据《说文解字》和有关注释所载，"榷"最初的含义是指过河的横木，即现在人们所指的独木桥，在这里指专卖的意思。而"酤"（通沽），指买酒、卖酒之意。所以连起来就是酒类专卖的意思。

中国古代有不少与酒有关的故事，据说殷代亡国的重要原因之一便是酗酒、嗜酒。周初统治者接受了这个沉痛教训，初置禁酒令。到了西汉年间，文帝因民间缺乏粮食，要求节约粮食，重本抑末，所以继承了这一传统，禁止酒类买卖。如《汉书·文帝纪》所载文帝后元元年（公元前163年）诏曰：

"间者数年比不登，又有水旱疾疫之灾，朕甚忧之……以口量地，古犹有余，而食之甚不足者，其咎安在？"

百姓从事商业的人数过多，这就不利于农业的发展。

又如《汉书·景帝纪》记载，景帝中元三年（公元前147年）夏，天下大旱，"禁酤酒"，汉景帝想通过禁止买卖酒的方法，达到让百姓少酿酒而节约粮食的目的。结果，这种政策果真起到了不小的作用。汉景帝末年，经济繁荣，粮食充足。景帝也就解除了买卖酒的禁令，如景帝后元元年（公元前143年）夏，他令"大酺五日，民得酤酒"。据文献记载西汉自解除酒禁后，武帝元光二年（公元前133年）、元朔三年（公元前126年）、太初二年（公元前103年）、太始三年（公元前94年）常有令天下或令民"大酺五日"之事，武帝凡遇大的礼仪活动都要赐民牛酒。

随着酒禁令的解除和酿酒业的发展，又导致了民不务农现象的出现。因此，天汉三年（公元前98年）春，武帝"初榷酒酤"，即禁止民间酿酒、卖酒。国家把这一财源也进行了垄断。应劭曰："县官自酤榷卖酒，民不得复酝也。"韦昭曰："以木渡水曰榷。谓禁民酤酿，独官开置，如道路设木为榷，独取利也。"

酒类专卖可以说是汉武帝实行的最后一项官商垄断经营，也是最早被解除的一项官商专卖经营。其实，这项措施的实施完全是一项无奈之举，如果不是当时国家财政困难，武帝根本不会施行。

在汉武帝去世以后，昭帝六年（公元前81年）二月，诏郡国贤良文学开了一个关于盐铁、榷酤的大会，有些大臣建议，既然国家机构已经能够正常运转，政府的财政也已经收支平衡，农业发展也稳定了，就不要再实行酒类管制了，应该废除这项非常时期的非常之举。

这年七月，昭帝下令"罢榷酤官"，取消了酒类专卖制度。

为打击富商大贾、高利贷者的经济势力，增加政府的财政收入，汉武帝于元狩四年（公元前119年）颁布了算缗、告缗的命令。

算缗就是向大商人、高利贷者征收财产税。规定商人财产每二千钱，抽税一算（二十钱），经营手工业者的财产，凡四千钱，抽一算；除三老和北边骑士而有轺车者，每辆抽税一算，商人的车则征收二算；船五丈以上者，征收税一算。

元鼎三年（公元前114年），汉武帝又下令"告缗"，就是告发商人隐匿的实际财产，告发者可得到被告发者的一半资财。商人有产不报或报而不实的，只要被告发，情况属实者会立即被捕入狱，没收资财，罚戍边一年，商人及其家属不得占有土地，违者没收其土地和童仆。

汉武帝派杨可主持告缗事务，一时告缗之风遍及全国。

据《汉书·食货志》记载：

"中家以上大氐皆遇告……得民财物以亿计，奴婢以千万数，田大县数百顷，小县百余顷，宅亦如之，于是商贾中家以上大氐破。"

这种办法使封建国家又大发横财，既打击了不法大商人，同时也使一些小有资产的百姓破产。

物质基础决定上层建筑，生产力的发展直接影响一个国家的发展程度和走向。只有掌握丰足的物质财富，才能有效地掌控国家政权。尽管汉武帝这些重农抑商的经济政策都有不容回避的问题，那就是抑制了民间工商业，阻碍了商品经济的发展。但在当时的困难情况下，这些政策增加了政府的财政收入，暂时解决了由战争和奢侈浪费所造成的经济困难，从经济上加强中央集权，巩固了地主阶级的专政，具有其合理性。

第四章 武功

第一节　马踏匈奴

敕勒川，

阴山下，

天似穹庐，

笼盖四野。

天苍苍，

野茫茫，

风吹草低见牛羊。

这首古老的民歌，描述了原野牧场的宁静与祥和，透露着对美丽家园的热爱。它所吟唱的是在恬静高远的草原上生活栖息过的一个强悍善战的民族，这里也曾上演过两个民族长达三百年的战争史。

在西安北面的渭河北岸，地势高而平坦的黄土高原——咸阳原上，埋葬着九个西汉皇帝。这片墓群大致形成一条直线，绵延近百里，高达百余尺，似乎在不断地向后人诉说着汉家的神威。

在这九个陵墓中，当年最巍峨壮观、富丽堂皇的，要数汉武帝的墓葬——茂陵了。

由茂陵东走1000米，有两座外形独特的陪葬墓与众不同。一座貌似贺兰山，一座形近祁连山。"贺兰山"下，安息着汉武帝的大将军卫青；"祁连山"下，长眠着骠骑将军霍去病。他们是汉武帝北驱匈奴、屡建奇功的两员大将，这两座山峰铭刻着他们深入绝域、征战匈奴的赫赫战功。

在霍去病墓上，现在的茂陵博物馆内，有一尊"马踏匈奴"的花岗岩石雕，一匹雄壮剽悍的骏马，踩着一个仰卧哀求的匈奴士兵，山峰只写着个人的功劳，而这座雕像则体现了大汉独霸天下的雄风。

祖国大漠南北的辽阔原野，自古以来就是游牧民族的天然居所，也是游牧文明与农业文明冲突的场所。

据《史记》记载，黄帝时曾北逐荤粥，夏代，荤粥又与夏为邻，殷商时，鬼方强盛，商王武丁三年征战，才击溃鬼方。西周时，猃狁又崛起，不断内侵。

近代著名学者王国维著有《鬼方昆夷猃狁考》，认为商、周之际的鬼方、昆夷、鼍，宗周时的猃狁，春秋时的戎、狄，战国后的胡都与匈奴同种，实为一族。梁启超亦如此说。

关于匈奴的族源和族属问题，众说纷纭。匈奴的族源有夏人说、西羌说、东胡说、突厥说；匈奴的族属有蒙古族、突厥族、芬族和斯拉夫族四种。

我们认为匈奴是北方游牧民族长期融合的产物，属于蒙古人种，它的族源包括荤粥、鬼方、猃狁、戎、狄、胡在内。

匈奴同汉族一样，是一个古老的民族。"匈奴"之名最早见于《逸周书》《山海经》等先秦典籍。司马迁著《史记》，单辟著《匈奴列传》，追溯了匈奴的早期历史，从此，这个影响过中国、影响过世界的民族，就以"匈奴"的名称留传于后世。司马迁认为匈奴族为夏后氏后裔，始祖叫淳维，殷时称荤粥，周代称猃狁，秦时称匈奴。

匈奴自建立到秦的一千多年间里，一直处于原始社会阶段。在秦始皇统一六国后，匈奴单于头曼通过战争，统一了匈奴各部，设置了左右贤王、左右谷蠡王、左右大将、左右大都尉、左右大当户、左右骨都侯等。头曼把这一广大地区分为左、中、右三部，自己居中，左、右两部由左右贤王分领。

匈奴称贤者为"屠耆"，常以太子为左屠耆王（即左贤王）。自左贤王以下至当户，共二十四长。大者掌数万人马，小者也有人马数千。这些大臣统统是世袭官职。单于家族乃是一大贵族，再加呼衍氏、兰氏、须卜氏家族共为四大贵族。呼衍氏、须卜氏，与单于常通婚。各二十四长长官也各置千长、百长、什长、裨小王、相、都尉、当户、且渠等官职。

汉景帝时的晁错这样描写匈奴：匈奴的技艺与中原不同。上下山坡，出入溪涧，中原的马不及他们；在陡峭倾斜的险道一边飞驰，一边射箭，中原的骑兵也不及他们；栉风淋雨，忍饥挨饿，不知疲倦，中原人又不如他们。

不稳定的、没有保证的生活，突出了青壮年在匈奴社会中的重要地位，年轻力壮的吃美味佳肴，老弱病残的只有残羹冷炙。匈奴人的婚俗，体现着游牧民族的共性，父亲死了，以后母为妻；兄长死了，以寡嫂为妻。

这些原始遗风对于中原大地的礼仪之邦而言，都是骇人听闻的咄咄怪事，因为在那个时候，汉人还在争论如果嫂嫂不慎落水，小叔子能不能援手相救。至于老人，则有着至高无上的地位，世代务农，安居乐业，生产经验靠老年人的言传身教，代代相传。孟子说，天下有三种至尊的资本：官位、年龄、德行。朝廷莫如官位，乡居莫如年龄，辅世安民莫如德行。在农业社会中，年龄、白发、皱纹是智慧的象征，"乡居莫如年龄"，是对农业文明特点的精辟总结，这与匈奴轻视老人行为形成了强烈的对比。

如果把农耕民族比作缓缓涌动的大河，润物无声的细雨，步履蹒跚的老人，那么，马背民族则是怒涛汹涌的大海，雷电交加的风暴，火暴刚烈的男儿。

就是这样一个占地不到中原一个地区的民族，逼得赵武灵王不得不"胡服骑射"；逼得秦始皇不得不修万里长城。

匈奴从崛起之日，就对中原地区构成了极大的威胁，成群结队，南下劫掠。"当是之时，冠带战国七，而三国（燕、赵、秦）边于匈奴"，这三个国家除了逐鹿中原，还得穷于应付匈奴。

生产方式也往往决定着人们的生活方式。匈奴人翻身上马，纵身下马。与此相应，他们的服装简短利落，短衣、裤子、长靴，很适合马背上的需要，而汉族人则是宽袖长袍，行动迟缓，往往在他们如梦方醒、来不及做出反应的时候，匈奴人已消失得无影无踪了。

有鉴于此，赵武灵王决定"师夷长技以制夷"。号令全国尽去汉装，变俗胡服，练习骑射，与匈奴一决雌雄。

提起万里长城，人们总会想到秦始皇，其实，长城并不是秦始皇的发明。赵国在赵肃侯时始筑长城，中经赵武灵王增修，从阴山东段南麓向西，绵延两千余里。赵孝成王时，名将李牧驻守代郡、雁门一带，匈奴不敢窥边。

与荆轲一起刺秦王的秦舞阳的爷爷秦开，曾为质入胡，回国后率军出击，使匈奴退却千余里，燕人在北境和新占之地上也筑有长城。

秦在秦昭王时，也开始修筑长城。

秦始皇横扫六合，统一全国之后，为了巩固北部边防，将原先赵、燕、秦的长城连接起来，重新修缮，并东扩西展，形成了一条长达五千多里的举世闻名的万里长城。并且派蒙恬带领三十万大军北击匈奴，迫使匈奴北却七百余里，从此，"胡人不敢南下而牧马，士不敢弯弓而报怨"。直到楚汉相争时，匈奴才有了一丝喘息的机会，冒顿单于一统大漠，骏马待发，仰天长嘶，三十余万"控弦之士"跃跃欲试。

根据《史记》记载，前后历时约一千多年，匈奴的部落联盟渐趋稳定，进入了第一个单于时代，这时出现了匈奴民族历史上的一个杰出领袖冒顿单于。

冒顿是头曼单于的长子，头曼喜欢他后娶的阏氏所生之子，便把冒顿送往邻国月氏为人质，同时急攻月氏，企图借刀杀子。可是冒顿夺马单骑逃脱，头曼嘉其骁勇，命他统领一万名骑兵。冒顿发明了一种响箭"鸣镝"，用来训领他的骑兵，他号令唯他马首是瞻，凡是鸣镝所射而不从者，一律斩首。冒顿用鸣镝直射他的宝马，有的骑兵不敢射，冒顿就立即把他们杀了。不久，冒顿又自射爱妻，有的骑兵更不敢射，他又立即把他们杀了。随后冒顿出猎，射头曼单于的"善马"，这次骑兵们毫不犹豫，一齐朝目标发射。至此，冒顿知道此兵可用。

有一天，冒顿随父出猎，突然以鸣镝射向头曼；他的骑兵立刻跟着发射，射杀了头曼。冒顿就这样循序渐进，训练精兵，最后夺取了王位，自立为单于。

如同黄河是中华民族的发源地一样，内蒙古阴山河套一带是匈奴民族的摇篮，《汉书·匈奴传》说：

"外有阴山，东西千余里，草木茂盛，多禽兽，本冒顿单于依阻其中、治作弓矢，来出为寇，是其苑囿也。"

冒顿单于时期，是匈奴发展的黄金时代。它先后征服了许多邻族。东破东胡，西走月氏，南并楼烦、白羊河南王，北服浑庚、屈射、丁令、鬲昆、薪犁之国，平定楼兰、乌孙、呼揭及其旁各族。控地东尽辽河，西至葱岭，北抵贝加尔湖，南达长城。

草原生活并不如我们想象的那样神奇，也不是雾中看花般的美丽。猛兽的袭击，异族的侵略，使他们时常处于朝不保夕的不安之中，最根本的是，逐水草而居的游牧生活，决定了他们只能四处迁徙，漂泊流浪。匈奴人没有城镇村落，居无常所；没有文书案牍，以口语为约，动荡的生活使他们无法发展精细的文化。

恶劣的环境，艰苦的生活，造就了匈奴勇猛尚武、精骑善射的民族特点，匈奴婴儿从一出生，在没有享受母爱之前，就要尝试剑刺额头的滋味，以便从小培养忍受伤痛的毅力。匈奴儿童很小就能骑在羊背上射杀鸟兽；稍大点就能在马背上射杀狐狸野兔。成年时个个力能弯弓，全部披甲跨马，人不弛弓，马不解勒，四处劫掠征战。匈奴是"马上王国"，马不仅是战斗武器，也是生活的伴侣。罗马历史学家阿密阿那斯说，西迁欧洲的匈奴人不仅打仗在马上，就连吃饭、闲聊、谈判都足跨骏马，甚至可以蜷缩在狭小的马脖子上睡觉。

经过数年的疯狂掠夺，匈奴占领了大量土地、财富和几十万人口，形成了一个东接朝鲜，北至西伯利亚，西达西域，横跨蒙古高原，与羌相接，向南延伸至今晋北、陕北一带，与汉相接，"南与中原为敌国"的强大奴隶制国家。

如果从民族习性上来说，匈奴应该是一个游牧民族，有少量的农业生产，靠畜牧、狩猎和劫掠为生。"随畜牧而转移，其畜之所多则马、牛、羊""逐水草迁徙""其俗，宽则随畜，因射猎禽兽为生业，急则人习战攻以侵伐，其天性也""其攻战，斩首虏赐一卮酒，而所得卤获因以予之，得人以为奴婢"。

汉高祖刘邦在高祖七年（公元前200年）曾亲率32万大军攻打匈奴，却被匈奴40万军队围困在白登山（今山西大同市东北）7天7夜。刘邦和将士们无计可施，最后陈平施美人计，欲献美人给匈奴单于，匈奴阏氏怕汉美女与之争宠，遂劝冒顿单于撤兵，"白登之围"由此得以解脱。强大的匈奴与虚弱的西汉力量形成鲜明对比，使西汉统治者的威胁感大大增加。在这种社会背景下，娄敬鉴于美人计的效用，便向刘邦提出与匈奴和亲的主张。他说：把汉朝公主嫁给匈奴的冒顿单于，并多多陪送嫁妆，匈奴必然慕汉钱财而立汉公主为阏氏。这样，生子必为太子，接替单于。

冒顿单于只要活着，则即为汉女婿；冒顿死，则由外孙为单于。还没听说过外孙敢于与外公分庭抗礼的。刘邦听从了娄敬的建议，于是派娄敬为使者与匈奴缔结和亲，并每年送给匈奴许多絮、缯、酒、米和食物等。这就是西汉与匈奴的第一次和亲。娄敬也因此被刘邦赐姓刘氏。此后，刘邦为了全力对付内部封建割据势力，对匈奴暂时采取了"和亲"政策。把宗室女子嫁给匈奴首领，每年送去一定数量的财物，允许人民往来贸易。

"汉匈和亲"，是西汉朝庭对匈奴的最主要策略，其影响深远。由于西汉初年，刘邦的汉王朝刚刚建立，汉朝历经了秦末农民战争和数年的楚汉相争之后，社会经济受到惨重破坏，国库已经空虚。面对北方匈奴军事力量日益强大，并不断发兵南下汉境抢掠骚扰，和亲之举也是实属无奈。

从汉高祖九年（公元前198年）至汉武帝元光二年（公元前133年）的和亲政策，意在以汉匈姻亲关系和相当数目的财物来换取匈奴停止对汉边境的掠夺，以便争取时间休养生息，增强国力。到了惠帝、文帝、景帝仍然继续执行这一政策，先后向匈奴单于冒顿、老上、军臣遣送公主，并奉送大批财物。虽然这些皇帝们一度注重改革边防制度，实行屯田垦荒，但都没能彻底解决这个问题。

匈奴的南下入侵并没有停止。首先是匈奴单于毫不尊重中原地区的礼仪与风俗习惯，汉惠帝三年（公元前192年），冒顿单于致书侮辱吕后，被激怒的汉将樊哙等人要求与匈奴决战，在中郎将季布规劝下，吕后最后仍回书卑辞求和。面对单于的这种无理之举，汉室只能是忍气吞声，忍辱负重。

汉文帝三年（公元前177年）夏，匈奴入居河南地，侵上郡，杀掠人民。汉文帝十四年（公元前166年），匈奴老上单于率14万人入今宁夏固原西南的萧关，杀北地都尉孙印，掳掠人民畜产甚多，烧毁了今陕西西北的回中宫，其前锋部队甚至进至雍、甘泉附近，仅距长安两百余里。

汉文帝急令中尉周舍为卫将军、郎中令张武为车骑将军，发车千乘，骑卒十万驻军渭北长安旁。又遣三将军陇西、北地、上郡。汉文帝后元六年（公元前158年），匈奴三万骑入上郡，三万骑入云中，杀略甚众，烽火通于甘泉、长安。文帝令中大夫李勉为车骑将军屯飞狐口；故楚相苏意为将军屯勾注，将军张武屯北地；河内太守周亚夫为将军屯细柳；宗正刘礼为将军屯霸上；祝兹侯徐厉为将军屯棘门，以备胡。

公元前166年至前162年间，匈奴的势力渐渐强大，每年入侵汉边境，杀戮人民畜产甚多，云中、辽东最甚，至代郡万余人。景帝时期，随着西汉国力的逐步强盛，匈奴经常小规模入侵，但无大规模的南下行动。

可以说，在匈奴强大的武力威胁下，高祖、高后实际上是屈辱求和，通过"和亲"政策每年赠送单于大量钱财、生活用品供其享受，以换取暂时的边境安宁。汉文帝、汉景帝也同样如此。文帝后元二年（公元前162年）与单于约定和亲后，汉文帝曾下诏书说："匈奴无入塞，汉无出塞，犯今约者杀之，可以久亲，后无咎，俱便。朕已许。

其布告天下，使明知之。"但是这样一张充满诚意的诏书，就如同一张废纸，被匈奴单于扔在了一边，匈奴大军仍是不断发兵入塞，为非作歹。

因此，汉朝历代君臣对匈奴的侵扰深恶痛绝，面对匈奴的侮辱与欺凌，人们有着切肤之痛，当然，关键还是匈奴对中原的威胁。

汉武帝曾下诏曰："匈奴逆天理，乱人伦，暴长虐老，以盗窃为务，行诈诸蛮夷，造谋籍兵，数为边害。"这其中就指明了两点：匈奴以"盗劫为务"，靠打家劫舍为生，"数为边害"。而且匈奴"逆天理，乱人伦、暴长虐老"在生活风俗习惯上也与中原礼义无法并存。基于这两点，只要汉朝一旦拥有强大的实力，对匈奴的战争将会随时开始。

公元前141年，汉武帝即位。大汉继承了"文景之治"创下的富足强盛，具备了征讨匈奴的条件。

元光元年（公元前134年），汉武帝召集文武群臣商议对匈奴的政策。大行令（官名，主管对外联络）王恢上奏："以前战国时期的小国代国对匈奴尚能抗击。现在，陛下神威，国家一统，然而匈奴侵盗不止，之所以这样就是因为他们对我大汉王朝并不惧怕。所以臣下认为，陛下应该对匈奴进行抗击。"

御史大夫韩安国却强烈反对王恢的建议，他说："当年，高祖攻打匈奴，却遭围困，七天七夜，军中无粮无水，弄得人困马乏，根本无心再战，最后逼得高祖只好以'和亲'来求和，如今五世平安，臣以为还是不打为好。"

王恢又对韩安国的论调进行了严厉的驳斥，最后他建议诈献马邑，采取诱敌深入的方法，以"伏兵袭击"将其袭击。汉武帝觉得此计可行，他支持了王恢抗战的主张。对匈奴的战争从此开始。

元光二年（公元前133年），武帝发兵30万将匈奴主力诱至马邑进行围歼。匈奴出兵10万入塞，然而，此计却被狡诈多智的匈奴识破，中途告退，围歼计划破产。从此，双方关系恶化，匈奴多次大规模进攻边塞，汉军也多次反击和进攻。

公元前133年至公元前119年，武帝派兵与匈奴进行了多次交战。其中比较有代表的三次战役：河南之战、河西之战和漠北之战。

元朔二年（公元前127年），匈奴贵族以2万骑入侵上谷（今河北怀来县）、渔阳。汉武帝派将军卫青率3万骑出云中（今内蒙古托克托县），西至符离，破匈奴军队，俘虏数千人，一举收复河套地区，扫除匈奴进犯的军事据点。卫青采取迂回进攻的方法，从后路包抄，一举赶走匈奴的楼烦王和白羊王，解除了对长安的威胁。汉军在与匈奴的历次交战中第一次取得大胜。

随后，汉武帝在那里设置了朔方郡、五原郡，移民10万屯垦，边务农、边守卫，又重新修筑了秦代的旧长城，并派兵驻守，将卫青升为长平侯。元朔五年（公元前124年），卫青率骑兵赶走了匈奴的右贤王，生擒匈奴王子10余人，取得了抗击匈奴的极大胜利。汉武帝破格提升卫青为大将军，成为全军的统帅。

元朔年间，匈奴连年入侵，汉军在卫青的指挥下数度出击，沉重打击了匈奴。

河西战役是从元狩二年（公元前121年）三月开始的。在这次对匈奴的战斗中涌现出一位更为年轻的将领，卫青的外甥霍去病。霍去病足智多谋，且英勇善战。有一次在与匈奴的交战中，霍去病一马当先，率领800骑兵冲入匈奴的营地，大败敌兵几百里，大胜而归。汉武帝据此封他为冠军侯，并奖给了他一座阔气的宅院。然而，霍去病却说："匈奴未灭，何以家为！"从此，汉武帝对他更看重了。

在河西战役中，霍去病率领1万骑兵，从陇西出击，在皋兰山脚下和匈奴骑兵交战，越过焉支山（今甘肃山丹县境内）追击500多公里，歼敌8000多人，杀匈奴二王，缴获了匈奴的祭品金质佛像。夏天，霍去病又与大将公孙敖率几万骑兵，行军1000多公里，一直打到祁连山麓，斩获匈奴3万余人，迫使匈奴浑邪王杀休屠王，率部4万余人归汉，给匈奴贵族予以重创。汉武帝在河西地区先后设置武威、酒泉、张掖、敦煌四郡，移民10万，定居农垦。河西走廊的收复，解除了汉王朝的西部威胁，不但隔绝了匈奴与羌的联系，还开通了内地与西域的直接交通，使双方势力的消长发生了显著的变化。

元狩四年（公元前119年）的漠北战役规模最大。匈奴不甘心自己的失败，仍然南下骚扰不止，为了彻底击溃匈奴，汉武帝决定集中2万骑兵、步兵数十万，由卫青和霍去病率领，分东西两路进军。两军分别从定襄郡（今内蒙古自治区呼和浩特市附近）和代郡（今河北省蔚县代王城）出发，共击匈奴单于于漠北。

卫青的西路军北进千余里渡过大沙漠，直抵寘颜山（今内蒙古高原南面的一支），与匈奴单于的军队遭遇，歼敌1.9万余人，单于率数百名骑兵突围远逃。霍去病的东路军深入匈奴腹地1000多公里，同匈奴左贤王交战，以灵活多变的奇袭，生擒匈奴屯头王、韩王等三人，前后歼敌7万多人。左贤王不敌霍去病，败下阵来。霍去病继续对其追击，一直追到狼居胥山（今蒙古国的肯特山），霍去病在那里代表汉王朝举行了封禅礼，最后大胜而还。

在这场漠北大决战中，汉武帝还组织了14万匹战马随行，以备换用，派了10万辎重兵转运粮草，保证了主力军的物资供应。匈奴经过几次沉重打击，尤其是第三次打击，更加远离汉区，以至"漠南无王庭"，西汉自建国以来近百年的匈奴边患问题基本解除。从此，西汉王朝开始对北方地区进行开发建设，巩固边防，恢复农业生产。

匈奴经过连年的军事打击，人口增殖和畜群藩息皆大受影响，因而希望息战和平，重建和亲，即汉仍像以前那样向匈奴称臣纳贡，匈奴兵不南犯。汉武帝不反对和亲，但他希望的和亲则是要匈奴臣属于汉，遣子入侍为质，与其他藩国一样待遇，汉匈地位完全颠倒。

汉武帝取得抗击匈奴战争的胜利，使得政权更加稳定，国家更为统一，长城内外"马牛放纵，畜积布野"，给经济文化的发展创造了更为有利的条件。"前人栽树，后人乘凉"。汉昭帝以后，汉匈出现了和平的局面，元帝竟宁元年（公元前33年）汉元帝把王昭君嫁与呼韩邪单于，结束了百余年的汉匈冲突，此后约半个世纪，北部边境出现了"边城晏闭，牛马布野，三世无犬吠之警，黎庶亡干戈之役"的和平景象。

第二节　广开三边

汉武帝以"大一统"为己任，在董仲舒"大一统"思想的指导下，他要建立一个幅员辽阔、疆域广大的帝国。在解决了北方匈奴和西域问题后，他把眼光转向了东南和西南，征东瓯、闽越、南越，通西南夷，平定朝鲜，统一的多民族国家形成了。

在我国的东南地区长期居住着一个种族，这就是越人。秦始皇统一六国后，虽然也在这里设置了郡县，但这里的形势并不稳固。在秦末农民起义过程中，各地的豪强官吏乘机独立称王，形成割据势力。秦亡后，南方和东南方相继出现了几个越族政权，这些割据势力是今浙江南部的东瓯、今福建境内的闽越、今两广地区的南越。汉初统治者对这些政权是无能为力的，因此不得不放弃对他们的管理，"剖符通使"，任其自由发展。

元封二年（公元前109年）前后，闽越政权是三个政权中实力最为雄厚的，"甲车不下数十万"。正因为有着强大的势力，所以，闽越王也根本不把西汉王朝放在眼里，"名为藩臣，贡观之奉不输，一卒之用不给"，有时甚至还发兵骚扰汉境，向汉朝挑衅。"七国之乱"后，刘濞逃往东瓯，东瓯王将其杀之。刘濞的儿子逃到了闽越，而闽越王却收留了他，可见闽越王图谋不轨，想与其共同蓄谋反汉。

闽越王的种种劣迹严重影响了西汉王朝在东南地区的统治，同时，由于它的存在也给东南人民带来了极大的战乱之苦，因此，汉武帝决定除掉这一毒瘤。

武帝建元三年（公元前138年），闽越王派兵攻打东瓯，东瓯王见大事不妙，立即派人赶往长安，请求汉武帝出兵援助。汉武帝和全朝的文武大臣经过商议后决定出兵，汉武帝派严助带兵从海上出发，救援东瓯。大队人马浩浩荡荡，顺流而来，来到东瓯，可是闽越王的军队还没到达，闽越王迫于汉朝政府更为强大的势力，悻悻然退了兵。严助兵不血刃就解除了东瓯之围，可见大汉王朝的威严之大。

东瓯王怕汉军走后闽越再来攻打他，于是就请求内迁，表示愿意臣服于汉朝，武帝欣然同意。于是，东瓯王率4万军民迁到了长江和淮水之间的地区，并取消了外臣国的地位，东瓯人民与汉族的中原人民生活在一起，他们共同生产，共同建设着祖国东南地区。时间一长，民族风俗、习惯也渐渐地融合到了一起，这对汉朝统治这一地区更为有力。

建元六年（公元前135年），闽越又发兵开始进攻南越。南越王一面吩咐士兵只守不攻，一面派人向汉武帝求救。同样，经过廷议后，汉武帝还是派兵支援南越。

汉武帝派王恢和韩安国率领两路大军东进闽越，以牵制闽越进攻南越方面的兵力。这时，闽越内部突然发生了政变，闽越王之弟余善将闽越王杀害了，并将他的头颅献给汉将军王恢。王恢带着闽越王的头颅回到长安后，汉武帝见敌国首恶已诛，于是便下令收兵，从闽越地区退了回来。同时，立闽越先王之子孙繇君为越繇王，立余善为东越王，并将其迁往东越故地。

元鼎六年（汉前111年），东越王余善趁着南越叛乱之机开始发兵攻汉，他先是派"吞汉将军"（即攻打汉朝将军的封号）进攻白沙、梅岭、武林三地。吞汉将军杀死了三个汉军的校尉，余善又派人刻玉玺，准备自己登基做帝，与汉朝分庭抗礼。

汉武帝得到消息后，先将驻守边境却临阵脱逃的大司农张成及前山州侯刘齿处死，然后又命韩说、杨仆等人率领五路大军，水陆并进，同时向东越出发。汉军所到之处势如破竹，而叛军则是丢盔弃甲，仓皇而逃。大军压境之下，东越内部又发生了内讧，简直是屋漏又遭连夜雨，祸不单行啊，东越部将杀死首领余善，并向汉军投降。

这次平定叛乱之后，汉武帝考虑到东越地势险峻，民俗强悍，而其统治者又是反复无常。面对这一极不稳定的因素，汉武帝为了以绝后患，派人把东越这一地区的黎民百姓都迁到了今江淮一带。从此，闽越地区的政局稳定，生产也得到了较快的发展，经济也繁荣了，汉武帝的统治又进一步完善。

南越指今两广一带，就是现在的岭南地区，秦始皇统一天下后，在此地设立了桂林、南海、象郡。秦二世的时候，龙川县令赵佗，在兵荒马乱之际，据险自守，拥兵自保，击败桂林、象郡，他俨然一州之主，一国之君，自立为南越武王。

汉高祖刘邦平定天下后，国中劳苦，无力他顾。只得承认既成事实，派遣陆贾册封赵佗为南越武王，修好通使，南越正式成为汉王朝的藩属国。

吕后时，禁绝开放关市，禁止铁器南运，赵佗恼羞成怒，自尊号为南越武帝。

汉文帝即位后，下令修缮赵佗在中原的祖坟，又派陆贾前去安抚。一直到景帝，南越向汉朝称臣，遣使朝请，如同诸侯。

建元四年（公元前137年）赵佗的孙子赵胡继立为南越王。后来闽越王发兵攻打南越，赵胡派人上书道："两越都是藩臣，不能擅自兴兵攻击。现在东越派兵侵臣，我不敢起兵，唯天子之令是从。"

这实际是一封求救信，汉武帝认为南越仗义，恪守藩臣之职，于是派兵讨伐闽越。闽越退兵之后，赵胡感恩戴德，派遣太子婴齐入京宿卫，并告诉使者严助，自己也在日夜治备行装，准备朝见天子。

严助一走，就有大臣疑虑重重："汉兴兵讨伐闽越，也是杀鸡儆猴。只怕你此行，有去无回，这会亡国的。"

于是赵胡托词称病，不再朝见。过了十几年，赵胡真的一病不起，便想让婴齐回国即位。

婴齐在长安的时候，曾娶樛氏之女为妻，生有一子赵兴，婴齐即位后，就把樛氏立为王后，赵兴立为太子。

汉武帝多次派人晓谕婴齐入京朝见，同他的父亲一样，婴齐也是称病不朝。过了几年，婴齐也过世了。

赵兴继立，樛氏就成了王太后。元鼎五年（公元前112年），汉武帝又派使者安国少季敦促赵兴和太后入朝，又派能言善辩的终军宣读圣旨，由勇猛威武的魏臣壮胆助威，还派卫尉路博德屯兵桂阳，随时接应。

王太后见到汉使一行，顿时一怔，虽然她故作镇定，但还是掩饰不住心慌意乱。

原来，王太后在嫁与赵婴齐之前，曾与安国少季有过一段恋情。现在赵婴齐去世了，二人又多年不见，他乡遇故知，不免重叙旧情。

好事不出门，坏事行千里。很快地，这件事情，国中上下，人人皆知，王太后随即威信扫地，国民不再听命于她。

王太后恐怕祸乱骤起，想依仗汉威，说服赵王及宠臣，举国内属，于是，派使者上书，情愿与诸侯同制，三岁一朝，除去边关。

报书传来，汉武帝大喜，不费一兵一卒，自高祖以来不能归附的南越，就可划入大汉的版图。当即赐给南越丞相吕嘉银印，诏令汉使全部留下来，辅佐政务。

赵兴和王太后则打点行装，准备进京朝贡。

偏偏好事多磨，南越丞相吕嘉年事已高，历经赵佗、赵婴齐、赵兴祖孙三代，树大根深，宗族之中，高官厚禄的就有70多人，吕氏男性全都是驸马，吕氏女性全都是王妃。吕嘉有威望，比赵兴得人心，国中到处是他的耳目。

赵兴向武帝上书的时候，吕嘉多次劝阻，赵兴都不予理睬，吕嘉就心生叛意，常常托词称病不见汉使。

汉使也意识到吕嘉绝非善辈，但碍于他人多势众，不敢轻举妄动，赵王和王太后也害怕吕嘉捷足先登，于是先发制人，想借汉使之力，谋杀吕嘉。

这天，太后设宴招待汉使，按礼国中要员皆须陪坐，吕嘉不得不来。吕嘉的弟弟是一国之将，率兵在宫外侍卫。

席间觥筹交错，太后弦外有音，举杯问吕嘉："南越内属，利及一国，而丞相顾虑重重，不知作何打算？"

吕嘉没有想到太后会把自己直接暴露在汉使面前，心中不免一惊，他虽是官场老手，一时间，也来不及反应，无以为答。

太后本意想以此言激怒汉使，借刀杀人，谁知安国少季启而不发，犹豫不决，只恐吕嘉弟弟宫外接应，就像鸿门宴中项羽的酒杯迟迟不发令一样。

就在这犹豫、示意之间，吕嘉看到众人脸色不对，当即离座，快步跑出宫外。

太后大怒，想在后边用长矛刺穿吕嘉，赵兴阻止了太后。

吕嘉逃出来，依靠弟弟的保护，安然无恙地回到家中，从此，再也不肯见赵王和汉使，而是加紧密谋作乱。

赵王向来无意置吕嘉于死地，这一点，吕嘉心中也明白，所以，一连几个月，他都稳坐泰山，按兵不动。只有太后一个人想要杀吕嘉，可惜力不从心，孤掌难鸣。

汉武帝闻听此事，不禁怪罪安国少季怯懦寡断，不足为谋，又想南越王和太后一心向汉，只有吕嘉作乱，用不着兴师动众，准备派庄参率2000人前往助阵。

庄参却面露难色："如果要和平解决，几个人就足够了；如果准备兵戎相见，2000人不足成事。"

这时，韩千秋慷慨激昂，凛然请命："区区南越，又有赵王和王太后做内应，只有吕嘉为患，不烦圣虑。臣愿得勇士二百，斩获吕嘉复命。"

于是，汉武帝派韩千秋与赵王太后的弟弟率领两千人马向南进发。

汉兵一入越境，吕嘉就早已得到消息，他不会坐以待毙，遂起兵谋反，向全国作了战前总动员："王少不更事，王太后是中原人，又与汉使通奸，一心内属，把先王留下的传世之宝全部进献给天子以邀宠取媚，众多的随从，一到长安，就会被卖做奴隶。太后只顾自己一时脱身，根本不考虑我越民社稷，子孙万代。"

一番正人视听的演讲之后，吕嘉奉词讨伐，就和他弟弟杀了越王和太后，汉使也无一幸免。韩千秋也出战失利，兵败身亡。

元鼎五年（公元前112年）秋，武帝派出十多万军队，拜路博德为伏波将军，杨仆为楼船将军，兵分五路，前去讨伐南越。汉武帝听到汉军攻下番禺（今广东广州）的消息，心中大喜。元鼎六年（公元前111年）十月，武帝将幸缑氏，至左邑桐乡时，听到南越被破的消息。他喜庆之余命人把自己正在居住的左邑桐乡更名为闻喜县。

不久，汉军捕到了吕嘉。武帝又把他当时所在的新中乡更名为获嘉县。看来，武帝还真是个性情中人。

从赵佗开始，延续了九十三年的南越消亡了，取而代之的是汉武帝新设置的几个郡：儋耳、珠崖、南海、苍梧、郁林、合浦、交阯、九真、日南九个郡。前六个郡在我国今两广境内，而后三个郡则在今越南境内。总之，自此以后汉朝的南方、东南地区与中原已经形成了一个不可分割的整体，这在中国历史上具有划时代的意义。武帝的疆域也由此伸展到了浩瀚的海滨。

在进攻东南地区的同时，汉武帝又开始了对我国西南地区的开辟行动。在经过多年的努力之后，中原地区到西南地区的人民越来越多，从而促进了当地经济、文化的发展。

汉代初期，在今天的云南、贵州和四川西南部一带，居住着许多语言、风俗互不相同的少数民族，《史记》和《汉书》把它们统称为"西南夷"。据《史记·西南夷列传》所载，当时在今云南地区著名的有滇（今云南省昆明市晋宁区城镇）、嶲（今云南云龙县西南）、昆明

（今云南大理市），贵州境内的有夜郎（主要在贵州西部、北部的遵义、桐梓一带），四川境内著名的有邛都（今四川西昌市）、徙（今四川天全县东始阳镇）、莋都（今四川汉源县东北）、冉（今四川茂县）等。此外，还有地处今甘肃的白马夷（氐族）。

西南夷各立"君长"，组成几十个部落，小的上百人，大的上千人。其中要属贵州境内的夜郎（主要在贵州西部、北部的遵义、桐梓一带）、云南境内的滇和四川境内的邛都等最大。

西南夷在秦统一六国之前就已经和中原地区发生了联系。秦惠文王九年（公元前316年）秦国灭蜀、巴两国，并在此设郡。楚顷襄王二十年（公元前279年）左右，楚将庄将军率大军通过黔中至滇，使滇属楚，后又因黔中被秦占领，滇、楚交通断绝，庄就"变服，从其俗"，在此为滇称王。

秦统一天下后，曾在西南地区修"五尺道"。据考证，"五尺道"从僰道县（今宜宾市）至云南曲靖附近，可使西南边民由僰道县入川，再由四川入关中。由于这条路比秦在中原地区修的驰道狭窄，只有五尺宽，因此得名"五尺道"。据《史记·西南夷列传》所载秦在西南夷诸国"颇置吏焉"。《汉书·司马相如传》中也有提到"邛、莋、冉、駹者近蜀，道易通，秦时尝通为郡县矣，至汉兴而罢。"这都说明秦国一统天下时，已经在今四川的邛、莋、冉、駹设置了郡县。

这些地区的少数民族与居住在巴蜀地区的汉族人民通过此道有所往来，由于道路狭窄，十分不便，再加上秦朝统治时间又短，未及开发，因此，汉初统治者放弃了对这里的继续开发与经营。然而，各民族之间的往来却并未因此而中断。到了汉武帝即位后，雄心勃勃的他终于把对西南开发的计划提上了日程。

据《史记·西南夷列传》所载："西南夷君长以什数，夜郎最大。"

专家学者们也同样指出：战国至汉，夜郎在今贵州西部和云南东北、广西北部部分地区，为西南夷大国。

建元六年（公元前135年）大行王恢以将军击闽越，王恢派番阳令唐蒙出使南越劝其内属，南越人用蜀郡产的枸酱招待他。唐蒙很惊奇，山重水复，千里迢迢，蜀的特产怎么能到这儿来，就问枸酱是怎么来的，座中有人回答："道经西北的柯江而来，柯江宽数里，途至番禺城下。"

说者无心，听者有意。唐蒙回到长安后，又向蜀地商人详细地了解此事。商人答道："独蜀出枸酱，多持窃出市夜郎。夜郎者，临柯江，江广百余步，足以行船。"

唐蒙闻听此言，眼前一亮，急忙给汉武帝上书："南越东西可达万余里，南越王车服仪同天子，名为藩臣，实为一州之主。取道长沙、豫章前往南越，水道闭绝，难以成行，我听说夜郎有精兵十万，如果能借其一臂之力，浮船柯，出其不意，不失为制服南越的奇谋妙策。如果能以大汉的强大，巴蜀的富饶，开通夜郎，派人管理，可说是易如反掌。"

汉武帝看到唐蒙的上书，不禁拍手称赞。匈奴的硝烟，大宛的烽火，固然是一种征服。但武力胁迫毕竟得不到出自内心的心悦诚服，周文王时期，越裳氏历经了好几个不同语言的民族，才辗转到达中原，向文王献白雉。汉武帝很羡慕文王的德望，现在，唐蒙给他提供了这样一次实践的机会，他自然乐此不疲。

元光五年（公元前130年）汉武帝拜唐蒙为中郎将，率领数千人，前往夜郎。在古代，交通不便，信息闭塞，夜郎侯自以为方圆几千里，只有夜郎是个泱泱大国，不免妄自尊大起来。他得意扬扬地问唐蒙："汉与夜郎谁大呢？"这句话后来演变成"夜郎自大"这个成语。

第四章 武功

· 147 ·

唐蒙闻听此言，忍俊不禁，哑然失笑，碍于礼貌，又不敢太放肆，命随从拿出事先准备的丝绸珠玉珍宝，送给夜郎侯，又把大汉北驱匈奴，西征大宛，南平南越，东挟朝鲜，如此这般地讲述了一遍。

夜郎侯接过丰厚的赠礼，已经目瞪口呆了，又听唐蒙抖搂大汉威风，耳目又是一震。脸上白一阵，红一阵，后悔自己不该井底观天，不自量力，以一县之大与大国相提并论。

唐蒙顾不得夜郎侯的心理活动，把此番出使的意图讲了一遍，并晓以威德利害，约定为其置吏，使其子为令。夜郎及其旁边的小邦城邑们都贪图汉朝的缯帛，并且他们以为汉通夜郎的道路艰险，最终不可能占有这一地区，所以就欣然接受唐蒙的盟约。

当唐蒙把他的夜郎之行的大体情况向武帝上报后，武帝便把夜郎设置为犍为郡。据《通鉴纪事本末·汉通西南夷》所载：

"汉武帝元光五年，拜唐蒙为中郎将，率千人从巴蜀莋关入遂见夜郎侯……还报，上以为犍为郡。"

唐蒙又在此地"发巴、蜀卒治道"，修的道路从僰道（今四川宜宾市）至牂牁江（今贵州威宁、水城、关岭一带）。

据《汉书·司马相如传》载：

"唐蒙已略通夜郎，因通西南夷道，发巴、蜀、广汉卒，作者数万人。"

修筑一条长达两千余里，广丈余，深三四丈的山道。然而，"道不成，士卒多物故，费以巨万计"。

此时另一个问题出现了，"用军兴法诛其渠率，巴、蜀民大惊恐"。汉制规定，朝廷征集民间财物以供军用，这称之为军兴。按照军兴法的规定,可"以军兴诛不从命者"。唐蒙在西南地区以军兴法诛不从命的"渠率",引起了"巴、蜀民大惊恐"。

汉武帝听说此事后,急令司马相如去西南夷制止唐蒙的暴行。同时又传檄谕告巴蜀百姓此非天子之意,檄文指出:"今闻其乃发军兴制,警惧子弟,忧患长老,郡又擅为转粟运输,皆非陛下之意也……亦非人臣之节也。"并要求做到"檄到,亟下县道,使咸知陛下之意,唯毋忽也"。看来,武帝在处理西南夷的问题上还是很谨慎的。如果不是汉武帝采取了紧急措施制止了事态扩大,后果可能会不堪设想。

唐蒙虽然在行动方针上出了偏差,但是他所创造的功绩却是显而易见的。比如:在古夜郎国的范围内设了犍为郡,下属十二县,其中包括贵州西部、北部和云南东北部、四川南部。所设僰道县(今四川宜宾市)即古僰国所在地,还在古夜郎国首邑设夜郎县。经过历史学家的考证,夜郎县应在今贵州安顺地区关岭县境。元光六年(公元前129年),唐蒙大体上修通了从僰道县至牂柯江(今北盘江)的这条陆上通道,从今四川宜宾至云南镇雄,贵州毕节、威宁、水城、关岭一带。这条通道也可能就是在秦统一后在西南所修的"五尺道"的基础上修建的。如此来说,唐蒙对汉武帝通西南夷之举还是功不可没的。

夜郎、僰等地因在巴、蜀两地之南被称为"南夷",而邛、莋、冉等因在巴、蜀之西便被称为"西夷"。唐蒙使西南夷送给夜郎等少数民族君长优厚的礼物,所以西夷的邛、莋等君长听说"南夷与汉通,得赏赐多",于是也想臣属汉朝,愿请汉朝派官吏前来管理。

正好司马相如从西南夷归来,汉武帝便问他此事怎么办好?司马相如答道:"邛、莋、冉、駹者近蜀,道易通,秦时曾为郡县,汉初才废除的,现在要重新设置,比在'南夷'设置要容易得多。"汉武帝觉得司马相如言之有理,于是便任命他为中郎将,持节出使,同时，任命王然于、壶充国、吕越人等为副使，协助司马相如把巴蜀的财富、物产作为礼品送至西夷。当西夷各君长接到汉朝的使者带来的礼品后，自动拆除了边界关卡，表示愿意臣服汉朝的统治。司马相如"置一都尉，十余县，属蜀"，在那里设置十余个县，一个都尉，属蜀郡管辖。从此，西至沫（大渡河）、若（雅砻江）二水，南到牂柯江的边塞都统一起来了，并在孙水（安宁河）上架桥，直通邛都（今西昌市）。

通天的南夷道，并不好修，工程持续了两年，劳民伤财，用去的费用以亿万计，士卒多半累死在了工地上，但却收效甚微。蜀民和一些京城官吏都认为，开通西南夷使得民众劳役负担过于沉重，这太没有必要了。为此，汉武帝命令公孙弘前往当地视察访问。公孙弘回来后，如实禀告，"西南夷之事，确实不为便利"。

当时，汉朝与匈奴在北方的热战正酣，在朝野的一片呼声之中，汉武帝从大局着眼，暂时停止了西南方面的进展。只在南夷夜郎设置了两县、一都尉，令犍为郡太守自保。

元狩元年（公元前122年）张骞从大夏归来，他说："在大夏时，我曾看到过蜀地的布和邛地的竹杖，听当地人说，这些都是从东南的身毒国买来的。"因此，他判断从西南夷地区可直接通身毒，而身毒又通大夏，这样一来，就不必再经由匈奴所控制的河西地区而达西域了。

张骞向汉武帝进言表达了自己的意见，武帝认为他说的是对的，便命王然于、柏始昌、吕越人等人再次向西南夷进发，到滇国（今滇池附近），滇王尝羌留下了他们，并派十几批人去西边寻找通向身毒国的道路。

当时，滇王见到这些汉朝臣使问道："汉朝与我国相比，谁大？"

没想到他的问话竟然与夜郎侯见到汉使的问话一模一样。这正是由于古代道路不通，信息闭塞所造成的，因此，他们都不知汉朝究竟有何广大。

汉朝使臣回到长安后，为了使武帝注重这件事情，就极力进言说滇国是个大国，好让这个国家亲附汉朝。

可是，直到南越吕嘉反叛，武帝才派驰义侯犍为郡攻南越。此时，这边的兰国（今贵州省贵阳市一带）君害怕军队远征后，邻国可能会趁机掠走自己国内的民众，因此与其众一同反叛，杀害了汉使和犍为郡太守。

然而，这样的无益之举，怎可抵得住汉武帝的虎狼之军。此时，南越已被楼船、伏波将军所灭，汉朝原准备平定南越的八校尉引兵而还，诛杀兰国君后，又平定了南夷，并置柯郡。夜郎侯也被选入长安朝见天子，汉武帝后来封他为夜郎王。

汉军诛兰国君后，诛杀了邛君，并在今四川西昌市一带设置郡县；杀榨侯，置沈黎郡（今四川汉源县一带）；在冉置汶山郡（今四川茂县）；在广汉郡西边白马夷所在地置武都郡（今甘肃武都等地）。

汉武帝派王然于南下，以汉灭南越、诛南夷之兵威，并谕告滇王入朝拜见天子，俯首称臣。滇王部众几万，且有东北邻国劳深、靡莫皆同姓相依仗，他们都不愿归附汉朝，因此，他们形成了统一战线。如此，有劳深、靡莫两国数次侵犯汉使者、吏卒。

元封二年（公元前109年），汉武帝派将军郭昌等人征发巴、蜀，大军一举歼灭劳深、靡莫两国。大军临滇之际，滇王离难举国降汉，甘愿入朝称臣，并请汉朝在滇设置官吏。于是，汉朝在滇国地区设置益州郡，并赐滇王印，令滇王复治其民。

元封六年（公元前105年）三月，益州郡、昆明（今云南大理市）

起兵造反，汉武帝赦京师亡命（无户籍的逃亡人口）令从军，再次派拔将军郭昌出击益州昆明等地，大军势不可挡，以所向披靡之势将其大破之。武帝元封二年（公元前109年）设置的益州郡，下属二十四县。其中，重要的有在滇池附近滇池县；在今云南大理市东北叶榆县；在今云南大理西北的云龙县、西南的崔唐县。

汉武帝通西南夷从建元六年（公元前135年）至元封二年（公元前109年）基本完成。这期间在南夷地区设置三郡：犍为郡、牂牁郡、益州郡；在西夷地区设置四郡：越巂郡、沈黎郡、汶山郡、武都郡。在西南夷地区众多的少数民族君长中有两国的君长封王："夜郎、滇受王印"，封王。从此，云贵地区正式成为汉王朝的郡县，西南地区归入西汉版图。从此西南各族和汉族人民之间的联系更加密切了，广大西南地区得到了进一步开发。

汉武帝没有停止征伐的脚步，他的利剑直指朝鲜。

众多史籍证明，朝鲜自古就与中国有较多的联系。据《史记·宋微子世家》所载，周武王灭殷后曾"封箕子于朝鲜"，后来"箕子朝周，过故殷墟，感宫室毁坏，生禾黍"而哀伤不已。《后汉书·东夷传》中也写道：

"昔武王封箕子于朝鲜，箕子教以礼义田蚕，又制八条之教，其人终不相盗，无门户之闭。"

这又说明了朝鲜在大约公元前一千年左右就已有耕织、养蚕技术以及良好的社会秩序。

战国时期，燕国曾占领了真番、朝鲜为其属地，并在那里设置了官吏，修建了边塞。自秦灭燕后，朝鲜便属辽东郡边界外的地区。汉朝建立后，汉初统治者认为朝鲜距离长安太远，犹如一块鸡肋，食之无味,弃之可惜;平常利用不上,有战事时,防守又极为困难。因此,修辽东郡边塞,以地水(今朝鲜大同江,在平壤西北)为界,属燕国管辖。

汉初,燕王卢绾起兵造反,逃入匈奴。燕人卫满率领千人,身穿朝鲜服装东出边塞,渡过坝水,占据秦时所设置的上、下要塞之间的地方。天长日久,渐渐地役属了真番、朝鲜两地的土著人和从燕、齐两国逃亡到这里来的人,他们在此自立为王,建都王险城(今朝鲜平壤市)。

至孝惠、高后时期,由于天下初定,汉初主张无为而治,无暇顾及其他。因此,辽东太守就与卫满签订了一个条约:卫满做汉朝的外臣,可以治理塞外的蛮夷,但不能越界盗劫,并且指出,不得禁止诸蛮夷君长进入汉朝朝见汉天子。这一条约天子批准后,卫满便大摇大摆、冠冕堂皇地侵略和降服周边的小国了,如真番、临屯都来臣服归顺,其统治地盘竟达方圆数千里。

当卫满的孙子右渠即位时,朝鲜已经引诱了更多的逃亡人口,真番旁边众多小国即使想去朝见天子,也会被阻挡在真番这道卡中。

元封二年(公元前109年),武帝派使者涉何去朝鲜责备并晓谕右渠,但右渠始终不接受汉朝的诏书。涉何离朝鲜回汉时,命令驾车的人刺杀了送行的朝鲜稗王长,而后又立即渡江,驰入关塞,归报武帝。武帝念他杀朝鲜将领有功,不予责备,并任命涉何为辽东督尉。而朝鲜一方,右渠怨恨涉何,派兵攻击。从此,两国关系走向恶化。

面对朝鲜的攻击,汉武帝下令招募罪人讨伐朝鲜。时至金秋,武帝派楼船将军杨仆率兵5万从齐地(今山东)渡海赶赴朝鲜,命左将军荀彘从辽东沿海赴朝鲜,海、陆两路并进,直取朝鲜。

右渠派兵占据险要位置,利用有利地形对汉军形成了威胁。先是

第四章 武功

左将军荀彘的军队失利。楼船将军率齐地士卒七千,先至王险城,可是被守城的右渠探知楼船军少,因此,他先下手为强,率先攻打杨仆,杨仆惨败,军队四散而逃,将军杨仆最后也被逼到了山林之中。十余日后,杨仆重整旗鼓,他把失散的兵卒重新集结起来,等待继续反攻。

由于两路大军战况均是不利,于是汉武帝便派卫山为使臣试图利用兵威去诏谕右渠。当右渠见到汉朝的使节时,立即叩头谢罪,他说:"臣愿意投降,只因当初怕被两将军欺骗而遭杀害,现在我看见了汉朝天子的信节,这才放下心来,就请让我投降归顺吧!"右渠派太子入朝谢恩,同时献出5000匹战马,并馈赠军粮。朝鲜太子一行人马,人众万余、手持兵器,正要渡海时,卫山及左将军荀彘等人怀疑他们可能会在渡江之后叛变,于是便说:"既然太子已经降服,随行人员最好就不要携带兵器了。"可是如此一来,太子怀疑这些汉朝使者可能要用计谋诈骗他们,最后将汉朝使者杀害。因此,太子便又放弃了渡海,带领兵众回去了。卫山等人返回长安报告了汉武帝。本来是煮熟的鸭子却飞了,武帝一气之下杀了卫山。

这时,荀彘已攻破江上的敌军,向前推至王险城下,在西北包围了都城。楼船将军杨仆也前去会师,屯兵于城的南方,蓄势待发。右渠顽抗到底,连续几个月攻城未果,汉军无可奈何。

荀彘曾在宫中当过侍中,很受武帝宠幸,曾经统领燕、代的士兵,作战英勇,又打了胜仗,军多骄傲。而楼船将军杨仆率领齐地的士兵渡海作战时,战败被困,战士受伤的又多,士兵们有了一种恐惧感,因此,在他们被右渠包围时,常常带着议和的信节。

一面是左将军荀彘极力进攻,一面是楼船将军杨仆企图和解。这边的朝鲜大臣也是暗暗派人私约杨仆商谈投降事议,他们之间的往来尚在谈判之中，未做最后决定。

此时，荀彘几次要与杨仆商谈共同作战的日期，而杨仆只是想赶快与朝鲜达成降约，便有意拖延与荀彘会合。荀彘派人要求朝鲜投降，而朝鲜一方拒不答应，荀彘起了疑心。荀彘认为杨仆前次战事失败，已经有罪，现在又与朝鲜大臣暗中私通，朝鲜一方拒不投降，杨仆又对我置之不理，看来他有意造反。

当武帝得知前方这种情况后，生气地说："将帅无能，还要怪罪于人。前一次派卫山招右渠投降，右渠有意受降并派太子朝见，而卫山等人因办事不专一果断，和左将军计议发生错误，最终导致朝鲜王投降的约定被打消。现在两将军围城，意见又发生分歧，久不能决，看来必须要有人从中调节才行。"最后，武帝派济南太守公孙遂前往协调、纠正，并令其便宜行事、全权处理。

公孙遂一到朝鲜边境，荀彘就对他说了当时的情况："朝鲜早就该攻下，然而，到现在还没有被攻下是另有原因的。"荀彘把杨仆几次不按约会出兵的事情，还有对杨仆的猜疑告诉了公孙遂，并且指出："到了这个地步还不捉拿楼船，恐怕日后大祸临头，到时就不是楼船来攻击我们了，而是楼船联合朝鲜共灭我军啊。"

公孙遂认为荀彘言之有理，于是便用武帝的符节召杨仆到荀彘的军营中商议大事。结果杨仆刚到，就被公孙遂等人立即拿下了，同时，荀彘兼并了他的军队。几天后，公孙遂向武帝禀告了这件事，武帝原想公孙遂领会了自己要消除两将隔阂意图，然而事实却相反，因此又把公孙遂杀了。

左将军荀彘两军合一，共击朝鲜。朝鲜相路人、相韩陶、尼溪相参，将军王唊共同商议说："我们曾经想投降楼船，如今楼船被捕，而左将军统领大军马上就要攻下城来，大王又不肯投降，我们该怎么

第四章 武功

办啊？"后来，相韩陶、王唊、路人都投降了汉朝，路人死在半路上。元封三年（公元前108年）夏天，尼溪相参派人杀害了朝鲜王右渠，终使朝鲜投降了汉朝。

汉武帝封朝鲜归降汉朝有立功表现的尼溪相参、相韩陶、王唊、右渠子长降、路人之子最五人为侯。而这边左将军荀彘被征召回朝，因他犯有争夺功劳、互相嫉妒、计谋不和等罪，被诛杀，尸体弃市。楼船将军杨仆因率军到达作战地点后，未等左将军人到，便擅自纵兵进攻，导致士兵损失伤亡过多，本应处死，被赎为庶人。

武帝是想用和平的方式来解决朝鲜问题的，然而，两位使臣与左将军却未能领会他的意图，这使武帝大怒。武帝又极其厌恶两位将领的不顾大局、临阵争功、好嫉善妒，因此才治他们的罪。但不管怎么说，朝鲜的平定对于武帝的统治，又是一次极为有利的治世之举。朝鲜平定后，武帝又在其土地上设置了四个郡：真番、临屯、乐浪、玄菟。此后朝鲜与中原的文化交流更加密切了。

汉武帝广开三边，大刀阔斧地拓展四方，巩固和发展了庞大的帝国，使我国的版图初具规模，也促进了少数民族地区经济文化的发展，加速了民族大融合，为建立和巩固统一的多民族国家奠定了基础。

第三节　经营西域

普天之下，莫非王土；率土之滨，莫非王臣。

西域是一片神奇的土地，巍峨的高山，低洼的盆地，严寒酷暑，冰川和火山，都在这里汇聚，民谚说"一山有四季，十里不同天"。

天山，昆仑山，准噶尔盆地，塔里木盆地，瑶池，火焰山，吐鲁番，玉门关，楼兰……它们共同编织了一幅神秘的画卷，掩映在祖国的西北边陲。

这块土地曾让无数人为之神往，为之倾倒。唐代高僧玄奘西游取经在那里留下了足迹，把沿途所见所闻口述、辩机编撰《大唐西域记》；意大利旅行家马可·波罗也曾到此一游；元代大政治家耶律楚材著有《西游录》一书；还有诗人李白、李商隐、岑参等人的相关精彩诗作。

这里还有清代著名学者、文学家纪昀（晓岚）谪居的阅微草堂，有《老残游记》的作者刘鹗题字行医的城隍庙……

这里的一山一水，一草一木，都散发着迷人的色彩。

那么，西域究竟是在哪儿呢？

西域自古就有广义与狭义两种说法。狭义的西域指葱岭以东；广义的西域泛指通过狭义的西域所能达到的地区，包括亚洲的中西部、印度半岛、欧洲的东部和非洲的北部。

而在我国古代史籍中，西域一直专指新疆。清朝重新统一新疆之后，曾一度有西域、西疆、西陲、新疆四名并用。1884年新疆建省后，改西域为"新疆"。

新疆并不是"新的疆域"。这片土地阅尽了人间春色，披满了历史风霜。它曾迎送过张骞、班超的鞍马；那漫长的冰谷，是高僧玄奘取经的艰苦旅途；那逶迤的古道，是中外商贾往来的"丝绸之路"。

在那里，无论山川草木，还是风土人情，都与中原大地迥然不同，那里的一切都令汉武帝心驰神往，更何况，那里还有能征善战的天马可以对付骁勇凶猛的匈奴骑兵。

汉武帝对大西北的开发，其主要原因是要"断匈奴右臂"，班固的《汉书·西域传》中曾有记载：

> "孝武之世，图治匈奴，患其兼从西国，结党南羌，乃表河西，列四郡，开玉门，通西域，以断匈奴右臂。"

元狩二年（公元前121年）武帝对匈奴发动战争，夺取了河西走廊等地，并设张掖、酒泉、敦煌等郡，甘肃正式成为汉朝版图的一部分。从此，河西走廊成了东亚与西亚甚至是亚洲与欧洲的经济、文化的重要通道之一。武帝有计划有组织地对其开发与建设，下令移民屯田，修整水利，大力发展农业生产，这不但起到了"断匈奴右臂"的效果，而且还隔绝了其与西羌的联络，最为重要的是它打通了通往西域的道路，河西走廊最终成了沟通古代欧亚交通的一条"丝绸之路"。

据《史记·大宛列传》记载，从张骞出使西域以后，前赴西域的"使者""相望于道，络绎不绝""一辈大者数百人，少者百余人"；而"一年之中，使多者十余辈，少者五六辈"。他们与张骞一样，气势不凡，"人所赍操，大放博望侯时""牛羊以万数，赍金币帛直数千巨万"。这些人用今天的话来说，其实就是"官商"。

当汉朝的商人翻山越岭、远涉西域时，西域的商人也纷纷来到中原。《后汉书·西域传》对此有生动的描绘："驰命走驿，不绝于时月；商胡贩客，日款于塞下。"

西域的商人到中原以后，"殊方异物，四面而至"。汉武帝豪兴大发，专门为他们"设酒池肉林""以飨四夷之客"。这些外国客人来到中原，毫不拘束，潇洒自如，随走随停，停到哪儿，就在哪儿做买卖。东汉初耿弇就把马援的行军比喻为西域商人行商，"类西域贾胡，到一处辄止"，到处是一派繁荣的景象。

安作璋在《两汉与西域关系史》中就有这样精彩的描写："如果

站在当时楼兰的大道两旁，一定会看到一群一群的骆驼商队，满载着沉重的货物，风尘仆仆地往返于东西大道之上，他们之中有中国内地的汉人和新疆各族人，有中亚各族的牧人，也有印度人，他们互相之间操着不同的方言，走过渺无人迹的大沙漠，爬过崇山峻岭，随着他们的足迹，遥远的东西两个世界就连接起来了。"

正是这些在历史上留下了名字的英雄和没有留下名字的无名氏，搭起了沟通东西的桥梁。

中国的丝绸很早就已传到欧洲。希腊历史学家希罗多德说，希腊人很早就知道以产绢著名的中国。称中国为"赛里斯"——丝绸之国。由于山水阻隔，交通不便，欧洲人对中国充满了美好的想象。

古罗马学者普林尼在《自然史》中写道："塞里斯国（即中国）以树林中出产的细丝著名。此种灰色的细丝是在树上生长的，他们先将丝用水浸湿，加以梳拢，妇女们再将丝整理，织成丝织品，她们的工作是很繁重的，但这细丝却行销世界各地，一切都是为了罗马的少女可以用透明的薄纱表现她的美。"

中国丝绸运到欧洲，与黄金等价，罗马皇帝恺撒身穿一件中国丝袍到剧院看戏，成为众人瞩目的焦点，被认为是绝代奢华，一时全场轰动，艳羡不已。

汉通西域以后，西域的各种物产随着各国使者源源不断地流入中原。

西域传到中原的植物种类繁多，有葡萄、石榴、苜蓿、红蓝花、酒杯藤、胡麻、胡桃、胡豆、胡瓜、胡荽、胡蒜、胡葱等。

石榴：西域中如安息、大夏、大宛、印度各国都盛产石榴。西晋张华《博物志》说："张骞使大夏，得石榴。"

红蓝花：一名黄蓝，《云麓漫抄》引《博物志》："黄蓝，张骞所得。"此花可用作胭脂,染丝绸,又可入药。

酒杯藤:《古今注·草木》:"酒杯藤,出西域,藤大如臂,叶似葛,花、实如梧桐,实花坚,皆可以酌酒……实大如指,味如豆蔻,香美消酒……国人宝之,不传中土,张骞出大宛得之。"

胡麻:俗称芝麻。沈括《梦溪笔谈》载:"张骞,始自大宛得油麻种来,故称胡麻。"

胡桃:亦称核桃,张华《博物志》载:"张骞使西域还,乃得胡桃种。"汉武帝时,上林苑开始种植胡桃,以后又扩展到华林园。

胡豆:又名蚕豆,因为豆荚如老蚕,或是因为蚕熟时收而得名。《太平御览》称:"张骞使外国,得胡豆种归。"后又有豌豆、绿豆,也属于胡豆之类。

胡瓜:李时珍《本草纲目》载:"张骞使西域得种,故名胡瓜。"后五胡十六国时北方人避后赵石勒之讳(石勒是少数民族),改呼黄瓜。

胡蒜:又称大蒜。胡荽即芫荽、香菜。《齐民要术》引《博物志》说:"张骞使西域,得大蒜、胡荽。"

葡萄:《史记》作蒲陶,西域很多地方盛产葡萄。龟兹国的富人,家藏葡萄酒至千斛,大宛贵族储藏的葡萄酒多达万余石。张华在《博物志》说,张骞通西域后,把葡萄种带回长安,先种在离宫旁,后又在长安杜陵园中种植一百棵,以后逐渐扩大至黄河流域。

苜蓿:或作目宿,产于大宛,本是养马的饲料。南北朝任的《述异记》认为,苜蓿是张骞亲自带回来的,"张骞苜蓿园在今洛中。苜蓿本胡中菜,骞于西国得之"。

美国学者劳费尔亦如此说:"张骞断定这渴望已久的马若要保持壮健,非把它们的主要饲料一并带来不可。于是,他在大宛获得苜蓿种子，于元朔三年（公元前126年）献给武帝。"

安作璋在《两汉与西域关系史》中则另有异议，他认为："李广利伐大宛，得大宛'天马'，为了解决马的饲料，故将苜蓿大量移植中国内地，当时称'光风草'。"

《史记·大宛列传》说："汉使取其实来，于是天子始种苜蓿、蒲陶肥饶地，及天马多，外国使来众，则离宫别观旁，尽种蒲陶、苜蓿极望。"

杜甫的《洗兵马》："京师皆骑汗血马，回纥馁肉蒲萄宫。"

李商隐的《茂陵》中说"汉家天马出蒲梢，苜蓿榴花遍近郊。"

王维也有"苜蓿随天马，蒲桃逐汉臣"的诗句。

饮水思源，两千多年之后，当我们品尝这些瓜果蔬菜之时，不由得会想起前人的诗句："不是张骞通异域，安能佳种自西来？"

张骞的名字随着这些植物很自然地流传到了后世。但是，佳种东传或许不能仅仅归功于张骞一个人。

徐朔方在《史汉论稿》中指出：葡萄在张骞出使西域之前，已散见于司马相如的文章之中，可见中国那时已有葡萄，究竟是内地本产还是西域传入，尚无定论。

劳费尔认为，张骞从西域只带回了苜蓿和蒲桃两种植物，其他都是后人带回列入张骞名下的。不管怎么说，从张骞通西域后，西域的大批植物才开始内传，却是实实在在的。劳费尔以小见大，得出了这样的结论："中国人在经济政策上具有远大的眼光，采纳许多有用的外国植物以为己用，并把它们列到自己完整的农业系统中去，这是值得我们钦佩的。中国人是熟思、通达事理、心胸开阔的民族，向来乐于接受外人提供的好事物。在植物经济方面，他们是世界上最前列的权威。中国人有一独特之处：宇宙间一切有用的植物在那里都有栽培。"

1925年，鲁迅看到一面汉代铜镜，这面铜镜名叫"海马葡萄镜"，上面虽无海马，却有"葡萄"，镜上的装饰全取自大宛、安息、西域诸国的事物，形象生动活泼。鲁迅因此在《看镜有感》中称赞汉代祖先有"豁达闳放之风"，对外来事物自由驱使，"新来的动植物，即毫不拘忌，来充装饰的花纹"。

进入中原的西域动物的种类也很多，奇禽怪兽，应有尽有。

除了汉武帝向往已久的"天马"之外，骆驼也备受青睐。往来西域的商人，要越过一望无际的沙漠，没有骆驼是不行的，因为骆驼不仅能负重远行，还能辨识路途，预测沙漠气候，享有"沙漠之舟"的美称。在当时，如果有人不认识骆驼，就要被嘲讽为孤陋寡闻，所以当时的谚语说："少所见，多所怪，见骆驼以为马肿背。"

除此之外，据《汉书》《后汉书》的《西域传》载，罽宾出产"封牛、水牛、象、大狗、沐猴、孔爵（雀）"；天竺出"象、犀"；乌弋山离国有"桃拔、狮子、犀牛"；条支出"狮子、犀牛、封牛、孔雀、大雀。大雀其卵如瓮"。

这些动物，多由西域贡献，因此，在当时的长安城中，"乃有九真之麟，大宛之马，黄支之犀，条支之鸟。逾昆仑、越巨海，殊方异类，至于三万里"。

汉武帝新建的博望苑，实际上就是当时的万国动物园。

沿"丝绸之路"东来的，还有五光十色的奢侈品。

沈福伟《中西文化交流史》载："埃及的十色琉璃，千涂的火齐屏风、罗马的火浣布、印度的琉璃马鞍，还有各种奇禽怪兽和宝石，如宾的封牛、象、大狗、沐猴、孔爵、珠玑、珊瑚、琥珀、璧琉璃；乌弋山离的桃拔、狮子、犀牛；天竺的象犀，玳瑁；安息的狮子、符拔；条支有大鸟称为安息雀；大秦的夜光璧、明月珠、骇鸡犀、珊瑚、琥珀、琅、朱丹、青碧，纷纷进入中国人的生活。这些外来物产虽属奇珍异物，也只限于装点统治者的奢华，并不能'飞入寻常百姓家'，但是，在中国人的生活中，那个遥远神秘的世界由此变得亲切贴近起来。"

西域除了有奇珍异兽之外，还有很多艺术精品：例如音乐、舞蹈、杂技等，这些事物传入中原之后，更令内地人们耳目一新。

在汉武帝以前，汉代流行的歌舞大多是楚歌楚舞，刘邦的《大风歌》就是楚歌，他的宠姬戚夫人即善楚舞。当时配合歌舞的乐器，除了笙、簧、琴、瑟一类的管弦乐，多为钟、鼓、磬、钲之类的打击乐器，只能敲击节奏，不能独立奏曲，乐队组成也比较简单，刘邦在沛中征集小儿120人演唱《大风歌》，除此以外，无其他乐器。

随着中西交通的畅通，西域歌舞的传入，中原的音乐和歌舞也发生了很大变化。西域的箜篌、篥、琵琶、胡笳、胡笛、胡角、胡、胡茛之类的乐器，加入了汉人乐队。唐代官制的十部乐中，就有《龟兹》《疏勒》《高昌》三部出自西域。箜篌，原是印度乐器，一作空侯，汉武帝祭祀郊庙时，曾取其奏乐。东汉长篇叙事诗《孔雀东南飞》中，女主人公刘兰芝就弹奏过箜篌。

琵琶，是古代印度和波斯共有的一种乐器。《隋书·音乐志》说："今曲项琵琶、竖箜篌之徒，并出自西域。"

刘熙《释名·释乐器》谈到了"琵琶"之名的由来："枇杷本出于胡中，马上所鼓也。推手前曰枇，引手却曰杷，像其鼓时，因以为名也。"

琵琶最初无固定写法，应劭《风俗通》写作枇杷，大概到晋代才写作琵琶。白居易的《琵琶行》把琵琶的演奏技艺描写得淋漓尽致。

而今，琵琶已成为中国固有的国乐。

篥，其声栗烈如寒风，《旧唐书·音乐志》说："本名悲篥，出于胡中，胡吹之，以惊中国马。"汉末曹操北征乌桓，远涉沙漠，军士闻角声而悲思。

唐代诗人李颀的《听万安善吹觱篥歌》一诗中说："南山截竹为觱篥，此乐本自龟兹出。"

胡笳，又作吹鞭。李陵的《答苏武书》中有："胡笳互动，牧马悲鸣。"张骞入西域，归传其法，东汉末年，胡骑南下，蔡文姬为匈奴所获，一个春天的中午，暖意洋洋，她登高凭远，思绪绵绵，耳畔忽然传来胡笳低回哀婉的声音，她再也无法控制自己，一气呵成《胡笳十八拍》，以寄故国悲思。

西域的杂技也让中原人惊奇不已。杂技在中国历史悠久，古代中国农民常在农事之暇竞技、角力，以为戏乐，《史记·李斯列传》说，"二世在甘泉，方作觳抵优俳之观"，说明秦二世就曾欣赏过这种杂技表演。通西域以后，西域传入的新技艺，丰富了中国杂技艺术的内容，《史记·大宛列传》记载，汉武帝元封三年（公元前108年），安息国"以大鸟卵及黎轩善眩人献于汉"，韦昭《索隐》曰："眩人变化奇幻，口中吹火，自缚自解。"颜师古也以为"吞刀吐火，植瓜种树，屠人截马"皆属表演内容。根据《大宛列传》所载，汉武帝对外国客人礼遇有加，不仅"散财帛以赏赐，厚具以饶给之，以览示汉富厚焉……令外国客遍观各仓库府藏之积"，而且以"酒池肉林"举行国宴，酒热耳热，宾主欢笑之际，就辟出一块空场，大家围聚在一起，说说笑笑，观看各种奇异的杂技表演。那么，"丝绸之路"这个诗意的名字是如何得来的呢？

德国地理学家李希霍芬在1868~1872年间七次来到中国。1877年出版了五卷专著《中国——亲身旅行和据此所作研究的成果》，该书将往返西域的骆驼商队所走的道路，称作"丝绸之路"。从此这条连接亚、欧、非三大洲的国际大道就以这个美丽的名字永远地刻在了世界文明史的丰碑上。

"无数铃声遥过碛，应驮白练到安西"，丝绸西传的具体过程今天已无从确考，但丝绸是中西方交流的媒介这点是毫无疑问的。而沿着丝绸之路飞越国界的，又不仅仅止于丝绸。

正是丝绸之路，将中国的四大发明送往世界，泽被万众；也是丝绸之路，将中亚的骏马、农作物，印度的佛教、音乐、熬糖法、医药，西亚的建筑、乐器、金银器制作、天文学、数学知识等传入中国。

"丝绸之路"还与两个开放、创造、进取、博大的辉煌时代紧紧地连在一起，丝绸之路的开辟始于汉代，到唐代达到了鼎盛时期。

此后，中国战乱频繁，没有强有力的政权可以控制西域，保护"丝绸之路"。直至唐太宗时，攻灭了为害"丝绸之路"的突厥，"雪耻酬百王，除凶报千古"，重新开始经营西域，使沉寂多年的"丝绸之路"又一次人欢马叫起来，李世民因此被称作"丝绸之路东端最伟大的君主"。

"丝绸之路"在后世被赋予了更多的文化意蕴，使它在人们心目中成了一条"文明之路"，以至于使我们忘记了汉武帝开通西域的初衷。除了"断匈奴右臂"之外，开通西域还牵动着汉武帝的另一根神经：那就是贸易。

关于这一点，《史记》和《汉书》都未着意叙写，倒是《盐铁论》留下了桑弘羊的只言片语，使我们可以窥得个中消息。

桑弘羊是汉武帝的财政大臣，所言当不为虚。在《复古》篇中，他说汉武帝"计外国之利，料胡、越之兵"。在《力耕》篇中，又把对外贸易思想发挥得淋漓尽致。他说："汝、汉之金，纤微之贡，所以诱外国而钓胡、羌之宝也。夫中国一端之缦，得匈奴累金之物，而损敌国之用。是以羸骡驴馲驼，衔尾入塞；驒騱騵马，尽为我畜，鼲貂狐貉，采旃文罽，充于内府，而璧玉珊瑚琉璃，咸为国之宝。是则外国之物内流，而利不外泄也。异物内流则国用饶，利不外泄则民用给矣。"

汉武帝经营西域是出于政治目的，这一点，自不待言；桑弘羊这段话又对他的经济目的作了精彩的论述。

在新疆众多的古代遗址里，考古学家发现了许多汉代的"五铢"钱币。五铢钱是汉武帝元狩五年（公元前118年）开始铸造的，铜质，外圆，中间有一个方孔，称为"钱圆函方"，含有"天圆地方"之意，这也是后世称钱为"孔方兄"的缘由。

汉五铢钱从汉武帝元狩五年（公元前118年）至唐高祖武德四年（公元621年），通行全国达七百年之久。既然五铢钱使用时间这么长，那么，出土的钱币并非汉代独有，以此作为汉朝与西域贸易的证据，便不足为凭。但是，值得注意的是，五铢钱的发现地点基本上都处于早期丝绸之路的路线上，况且，各个时代，钱质也有很大差别，虽然外观基本一致，但还是能判定钱币的年代，新疆地区出土的大量汉五铢钱，充分说明了汉武帝时期中原与西域已有了密切的经贸关系。

而今天看来，开辟丝绸之路的伟大意义远远不止于此，大大超过了当时的预期设想。他们实现了自己的主观愿望，但客观效果却是他们始料未及的。历史是生动的、发展的，后世会给它注入新的生机和活力，所以，在历史的长河中，主观动机和客观效果往往不尽一致。

在罗布泊西部，有一个举世瞩目的古城遗址。这个王国在公元前176年以前建立，历时八百多年，于公元630年神秘消失了，这个遗址就是楼兰古城。

在李白的《塞下曲》中，有"愿将腰下剑，直为斩楼兰"的诗句。

王昌龄的《从军行》写道：

青海长云暗雪山，孤城遥望玉门关。
黄沙百战穿金甲，不破楼兰终不还。

楼兰是西域通汉的交通要道，汉使出玉门关，这是第一站，首当其冲，备受其苦。匈奴遂策动他们，屡屡攻劫汉使，刺探汉朝情报。

汉武帝于是决定发动一次示威性的战争，扬大汉之神威，杀鸡儆猴，震动西域。元封三年（公元前108年），赵破奴与王恢奉命西进，俘虏了楼兰王，汉长城随即西延至玉门关。

楼兰降服朝贡之后，匈奴不满。发兵袭击楼兰，楼兰只好派一个儿子到匈奴，又派一个儿子到汉，分别做人质。后来，汉武帝知道楼兰脚踩两只船后，对楼兰兴师问罪，楼兰王俯身叩头直言以对："小国处在大国之间，不两属无以自安。我们愿意举国徙居汉地。"

汉武帝听完后，为楼兰王的坦白所感，阴沉的脸松弛下来，微微一笑："起来吧，朕念你有为难之处，不加罪于你，你回去吧。"

这次战争确实起到了预期的作用，原来在张骞出使西域之时，还徘徊观望的乌孙，亲眼目睹了汉的强盛，于元封六年（公元前105年）主动派遣使者向汉献良马千匹，表示愿意与汉和亲，脱离匈奴。

匈奴既失乌孙，便物色新的控制目标，勾结大宛等国，扣留逐杀大月氏、身毒国到汉朝的使节，戕害汉朝的官吏，使汉朝的使节和商队不能顺利通往西域。

大宛远在帕米尔高原以外，自恃距汉遥远，悖慢骄恣，加之长期处于匈奴的支配之下，对待匈奴和汉朝使节截然不同。匈奴使者拿着单于的信，可以吃遍全国，所到之处，丝毫不敢怠慢；而汉使呢，不出钱物吃不上饭，不买牲畜就只能行走。

汉朝到大宛的使者很多，受了委屈，心中愤愤不平，想报复大宛，但是个人的力量是不够的，便有人想到借用汉武帝的力量以泄心头之恨，回来便向汉武帝进言："大宛的好马藏在贰师城内，不肯让汉使见到。"

汉武帝好马，人人皆知，便有有心者投他所好，从而实现自己的目的，汉武帝听说后，顾不得计较大宛的无礼，兴高采烈地寻找他的天马。

他专门让人用纯金铸了一匹高头大马，派壮士车令身带千金去大宛求马。

当时，汉与西域的贸易在张骞使西之后，相当发达，大宛国汉物丰饶，不稀罕汉武帝的金马，君臣共商对策：

"汉与我相距遥远，而且盐泽是死亡之海，北面有胡寇出没，南面缺水乏草，荒无人烟。曾有几百名汉使分批来过，因为缺少食物，死者过半，这样的情况，汉军怎么能过来呢？况且，贰师城的马是一国之宝，不可轻易予人。"

看来，大宛确实自以为路途遥远，就有恃无恐，想试一试大汉这把利剑的锋芒。

于是，大宛王漫不经心，拖着长腔对车令说："贰师城没有宝马，即使有，也不能给你们汉朝。"说罢，只顾跟他的臣子说笑聊天，把车令晾在一旁。

车令是豪气冲天的壮士，又代表堂堂的大汉，哪能忍受一个胡人小国之君的怠慢无礼？他闻听此言，怒目圆睁，大声漫骂，当即把金马砸个稀巴烂，扬长而去。

大宛的贵族们先是一片惊骇，继而满堂哗然，纷纷摩拳擦掌："汉使太小看我们了！"可是当他们醒过神之后，车令已走了很远，他们就派快马让东边的郁成王截杀了车令，抢夺了他的财物。

消息传到长安，汉武帝大为震怒，立即征发数万人马，拜李广利为将军，前去大宛抢夺宝马。

大汉的远征军出玉门关，再往西行，必须横越盐泽。这是一段艰险的行程。13世纪末的意大利旅行家马可·波罗说："这一片沙漠很长。据说由这一头骑马行到那一头，要一年以上。此处较狭，横越过去也得要一个月，全是沙丘沙谷，找不到一点可吃的东西。但是骑行一日一夜之后，便可以得到淡水，足够五十到一百人连牲口之用，多了可不行。"

在这种恶劣的环境中行军，艰苦异常，走出盐泽，本身就已苦不堪言，但困难还远不只此。沿途所经小国，坚城闭守，不肯给汉军提供给养，这样，汉军仅到达大宛东境的郁成城就饥疲不堪了，攻打郁成城，很久都攻不下来，而且死伤惨重。李广利与左右商量道："我们连一个小小的郁成都不能攻克，何况大宛的都城呢？"

食粮缺乏的汉军只好沮丧地沿原路返回，一来一往，两年多时间，太初三年（公元前102年）春天，当李广利残部退至敦煌时，士兵十遗二三。

李广利刚在敦煌喘一口气，就硬着头皮遣使上书："路途遥远，缺粮少食，士卒不怕作战，只怕饥饿。兵力少，不足以拔宛。恳求暂且罢兵，待征得大军，再去一战。"

汉武帝看了奏折，拍案而起，勃然大怒，派人严守玉门关，禁令："有敢入玉门关者斩。"他恼恨一个蕞尔之国竟敢藐视大汉；他恼恨汉兵初征竟然失利。李广利虽说是皇亲国戚，也吓得乖乖地蜷缩驻守在敦煌，不敢越雷池半步。

当时，"公卿、议者皆愿罢击宛军，专力攻胡"，只有汉武帝认为，既已出兵，只能进不能退，连一个小小的大宛都不能征服，会惹得外国耻笑，不但得不到大宛的宝马，乌孙、轮台将从此叛变，大夏等国会轻视大汉，通向西域之路，也势必因此受阻。他把坚持停战的文官治罪，从此全力以赴，征服大宛。

太初四年（公元前101年），李广利再次西征。汉武帝因为兵力不足，赦免囚徒寇盗，招募猛浪少年，一年之间共征发6万余人，牛10万头，马2万匹，驴、骆驼以万数，运送粮草，此外还有大批的武器，《汉书·西域传》说一时间"天下骚动，传相奉伐宛""转车人徒相连属至敦煌"。

汉武帝还特地拜熟悉马性的两个人为执驱校尉，以备攻破大宛后，为他挑选宝马。

此番出征，也是今非昔比。汉军兵强马壮，浩浩荡荡，一路进发，沿途小国望而生畏，争先恐后，奉送廪食，只有轮台不服，立即被消灭。自此而西，一路无阻，汉军顺利到达大宛。但是，在大宛城下，却遇到大宛的坚决抵抗，汉军一连围困大宛城长达30多天，大宛的贵族昧察才杀王毋寡求和。大宛出其国中之马，让汉军随意挑选，汉取良马数十匹，中马以下牝牡三千余匹，与大宛结盟而还。

战胜大宛之后，汉武帝马不停蹄，于太初四年（公元前101年），设立使者校尉，率领士卒，屯田轮台、渠犁一带，供给保护来往使者。这便是西域都护府的雏形。

汉武帝不惜倾全国之力，"损五万之师，靡亿万之费，经四年之劳"，两度西征大宛。宝马的诱惑固然是一方面，他还想通过对大宛的征服，制衡匈奴在西域的势力，增强大汉在西域的影响。事实上也正是这样，自大宛之役以后，"诸所过小国闻宛破，皆使其子弟从入贡献，见天子，因为质焉"。

征战匈奴，开发西域，破楼兰，征大宛，武帝为大汉的繁荣做出了不懈努力。无论是战争，还是贸易往来，对后世的发展都有着重大意义，他让大中国的版图进一步扩张。

对于一个国家、一个民族而言，疆域不仅仅是实实在在的生存空间，还有一种谁也无法用准确数字计算丈量的空间，这就是文化空间和经济空间。国家的强大，并不仅仅在于它的疆域，更在于它对其他国家、民族的影响和作用。

第四节　张骞出使

西汉时，把阳关和玉门关以西郡即今新疆乃至更远的地方称作西域。西汉初年，西域共有三十六国。

汉武帝听说西迁的大月氏有报复匈奴之意，就派人出使大月氏，联络他们东西夹攻匈奴。汉中人张骞以郎应募，建元二年（公元前

139年），张骞率领100余人离开长安向西域进发。途中被匈奴俘获，滞留了10年，最后，终于寻机逃脱，西行数十日到达大宛。这时大月氏已不想攻打匈奴而西迁了，张骞没有达到目的。他在西域待了一年多东返，途中又被匈奴扣留了一年多。元朔三年（公元前126年），张骞回到长安，受到汉武帝的热情接待，后被封为博望侯。此次西行前后达十余年，张骞历尽劫难，虽然没有达到直接的目的，但却获得了大量西域的资料，司马迁称张骞此行为"凿空"，意思是"开通大道"。

张骞此番出使，"身所至者，大宛、大月氏、大夏、康居，而传闻其旁大国五六"。他根据自己的亲身经历和传闻，把沿途的山川地理、风土人情，绘声绘色地向武帝描述了一番。

其中，汗血马的故事深深打动了汉武帝的心：

"在匈奴的西南，大汉的正西，有一个大宛国，国人嗜酒成风，用葡萄酿酒，富人家藏可达万余石，几十年都放不坏。那里还盛产良马，以苜蓿为食，流出来的汗像血一样。传说大宛国有高山，其上有马，不可得，因取五色母马置其下，与其交生而驹，汗血，因号曰天马子。"

汉武帝以为张骞一行十几年杳如黄鹤，对他们已不存分外之想，不想张骞突然从天而降，自是一番惊喜，听到张骞的一番异域奇谈，更是喜出望外，心花怒放，恨不能立刻跳上天马的鞍背，纵横驰骋一番。

但是，要得到天马绝非易事，因为西域三十六国与匈奴不同，大多是土著，有城郭，有田地，但又都臣属匈奴。

这是历史进程中很耐人寻味的现象：流动性强的马背民族往往能

够在军事上战胜居有定所的国家。

西域的大国小国实际上都是匈奴的附庸，向匈奴交纳赋税，匈奴还设置了僮仆都尉，统领西域，西域成了匈奴的军库和粮仓。

要孤立匈奴，需要联络西域诸国；要联络西域诸国，必须围歼匈奴，这二者在汉武帝的棋盘上是齐头并进的。

经过河南、河西和漠北大决战，匈奴元气大伤，濒临崩灭，丧失了大片领土，这个时候，它就更加紧了对西域的控制。

而汉武帝的心头也还久久萦绕着西域的神秘，时常向张骞询问大夏等国的情况，这使得张骞又突发奇想：联络乌孙，夹击匈奴。他又向武帝进言：

> 乌孙与大月氏原本都是祁连、敦煌之间的小国。乌孙王号昆莫，大月氏攻杀了昆莫的父亲，占领了乌孙的国土，乌孙人纷纷逃到匈奴。就在这个国破家亡的危难时刻，昆莫降生了。乌孙将军怀抱初生的王子出逃，在途中，饥饿的婴儿啼哭不止，没有办法，将军只好把他放在草丛之中，为他寻觅食物。过了一会儿，将军回来了，他怔怔地站在那儿，被眼前的景象惊呆了——只见一匹狼慈祥地伏下身子让小昆莫吃自己的奶，还有成群结队的鸟儿嘴里含着肉，在他身边低回盘旋。人们都惊以为神，赶紧把他抱到匈奴，单于像对儿子一样，对他爱不释手。等他成年以后，单于又把他父亲的民众移交给他，让他率兵打仗，昆莫屡建奇功。
>
> 昆莫兵强马壮之后，恳请单于允许他为父报仇，于是，他向西挺进，攻破大月氏。大月氏西走远徙大夏。昆莫有了自己的兵力，有了自己的地盘，不甘久为人下，正好赶上单

于去世，他便不愿向匈奴称臣。

愤怒的匈奴人谴责昆莫忘恩负义，派兵攻击他，不料本是以多战少，以强对弱，最后还是失败了，更觉得昆莫真是神奇，只好对他敬而远之。

大汉新近重创匈奴，而昆莫地空。蛮夷留恋故地，又贪恋汉物，如果真能在此时厚赂乌孙，使其东居故地，遣公主为夫人，再结为兄弟，他势必听命于汉。这样就可以斩断匈奴右臂，同时，可以一箭双雕，既与乌孙结成了联盟，乌孙以西的大夏等国又可以招来臣服。

张骞话音未落，汉武帝就已拍手称快，当即拜张骞为中郎将，第二次出使西域。

这一次，张骞可是今非昔比。随从300人，大多是手持汉节的副使，可同时出使几个国家，每人备骏马两匹，牛羊万数，随身携带的金币丝帛价值数千巨万。

元狩四年（公元前119），张骞率队伍出发。这时的河西走廊，畅通无阻，张骞再无被俘的惶恐，这一行人，威风凛凛，浩浩荡荡，长驱直入，很快到了乌孙。

事不凑巧，张骞到达乌孙时，乌孙的政治纠纷闹得沸沸扬扬，60岁的老昆莫想把王位传给长孙岑，他的次子心怀不满，起兵叛乱，在这场内乱中，乌孙尚且自顾不暇，当然不能顾及对外联盟；同时，乌孙的大臣们一向畏服匈奴，与汉相距遥遥，不明底细，不敢贸然行事，所以，尽管张骞情切意真地传达了汉武帝的旨意，并向昆莫许诺：如果能与汉联合夹击匈奴，汉将以公主相许，乌孙仍然犹豫不决。但是，乌孙看到汉使礼物丰厚，气派不凡，有大国风范，就派翻译向导欢送张骞,并派专使数十人,马数十匹,报谢汉朝,以探虚实。借助乌孙的帮助,随行的副使分赴大宛、康居、大月氏、大夏、安息、身毒等地进行政治活动。

元鼎二年(公元前115年)张骞返汉,一年多以后就去世了。他的副使们先后完成任务,偕各国使节纷纷回国。从此,西域神秘的面纱撩开了一角,汉朝与西域的关系日益密切。

张骞通西域是一段持久而艰难的历程,因此后世对张骞的这一伟大举动赞赏不已。虽然有人也有不同的看法,但是张骞通西域的历史意义是不容否定的。它促进了汉帝国与西域的经济文化交流,这对西域和汉朝都是有好处的,它的深远影响泽被后世。

李白有一首《天马歌》:

腾昆仑,历西极,

四足无一蹶。

鸡鸣刷燕晡秣越,

神行电迈蹑恍惚。

天马呼,飞龙趋。

大意是:它(天马)横跨昆仑,跑遍西域,四蹄生风,从不失足。鸡叫天亮的时候,它掠过了幽燕之地刷毛理鬃,不等落日西沉,又跑到了吴越去吃草,它风驰电掣,真如电闪一般,只见其影而不见其形。天马飞驰而过,就像是飞龙一样窈矫。

李白是浪漫的,《天马歌》是浪漫的,汉武帝之于"天马"的幻想也是浪漫的。

根据《汉书》张骞本传所载,当初,汉武帝打开《易经》,书里有一句"神马当从西北来"。从此,他日思夜想,梦寐以求,期盼神马从天而降，实现《易经》的神奇预言。

张骞出使西域牵回了乌孙马，汉武帝喜不自禁，名为"天马"，等到后来看到大宛的汗血马，比乌孙马更加强壮剽悍，更是大喜过望，将乌孙马改为"西北极马"，号大宛马为"天马"，并兴致勃勃地挥毫泼墨，天马行空，欣然而作《天马歌》。

其内容为：

天马俫，从西极，涉流沙，九夷服。

天马俫，出泉水，虎脊两，化若鬼。

天马俫，历无草，径千里，循东道。

天马俫，执徐时，将摇举，谁与期？

天马俫，开远门，竦予身，逝昆仑。

天马俫，龙之媒，游阊阖，观玉台。

君王的欲望最容易得到满足。因为汉武帝喜欢汗血马，使者便相望于道，一年之中，多则十几批，少则五六批；使团人数多则数百人，少则百余人，路远的八九年能回来，路近的也需几年才能回来。汉使一出，都是张骞时的装备，排场极尽阔绰。

而汉武帝更是风光无限。随汉使回访的各国使节，第一次领略了大国气象。汉武帝多次巡游海上，意气风发，志得意满，后面跟着一大批外国客人，不时地东张西望，指指画画，耳边传来武帝阵阵豪放的笑声。

巡游结束，宾主落座，席上山珍海味，飞禽走兽，珍馐佳肴，让人目不暇接，《汉书》以"酒池肉林"极言汉武帝国宴的奢华，一时间，外国使者手里拿着筷子，不知先伸到哪里才是。

酒足饭饱之后，汉武帝意犹未尽，让人打开各个府库的大门，让使者们参观了个遍，看到大汉的广大和富有，使者们个个瞠目结舌，面面相觑，纷纷表示回国后要劝说他们的国王与汉结交联盟。大宛等国还把大鸟蛋和魔术表演呈献给汉朝，汉武帝自是龙颜大悦。

可以说，没有昔日张骞通西域，就没有今天武帝在各国使节面前显示大汉神威。

张骞通西域，功载史册，名垂千古。他的直接意义在于孤立了匈奴，促进了汉朝抗击匈奴战争的胜利，班固对这一历史事实有一段中肯的评语："孝武之世，图制匈奴，患其兼从西国，结党南羌，乃表河西，列四郡，开玉门，通西域，以断匈奴右臂，隔绝南羌、月氏，单于失援，由是远遁，而幕南无王庭。"

由于汉朝与西域交通的开辟，中西经济文化得到了沟通与交流，这对中国和中亚各族人民的历史都有着深远的影响。

一个人有自己的性格和特征，一个国家、一个时代也有自己的风度和气质。或者开放，或者保守；或者勇敢，或者退缩；或者进取，或者守成。汉唐气魄，魏晋风度，明清韵味，在中国历史上都名扬一时。

鲁迅曾盛赞汉代祖先有"豁达闳放之风"。

鲁迅说："汉唐虽然也有边患，但魄力究竟雄大，人民具有不至于为异族奴隶的自信心，或者竟毫未想到，凡取用外来事物的时候，就如将彼俘来一样，自由驱使，绝不介怀。"这便是后人常常称引的"汉唐气魄"。

而这个时代的象征，这个时代的代表，就是汉武帝。

尽管武帝的一生做过许多意义非同寻常的大事，但是，在每个时代，评论家们对武帝的评论又有所不同。

儒学虽然为汉武帝提供了大一统的"天下观"，但是，武帝的性情与儒学思想格格不入，对外征服使他冲破了儒学的束缚。正统的儒学追求"仁治""德化"，陶醉在"近者服，远者来"的歌舞升平之中。儒学家认为圣明的君主不能靠武力开疆拓土，而要以德服人，广施仁政，而汉武帝的所作所为与这个理想标准显然是南辕北辙。在儒生眼里，用兵西域成了汉武帝"穷兵黩武"的主要罪证之一。

关于"武"字的意蕴，《礼记·谥法》这样解释："威强睿德曰武。"这个谥号虽然不像"戾""昏""幽"等谥具有明显的贬义，但是，在儒学的思想观念里，"武"并不值得称道，即便它不含贬义，比起"文""景"等谥来，充其量只能算作中性词。在儒学统治的漫长的封建社会里，汉武帝受到的非议和责难，大概仅次于秦始皇。

直到封建社会的晚期，明末清初之际，王夫之别出心裁，给了汉武帝较高的评价。

王夫之说："汉武抚已平之天下，民思休息而北讨匈奴，南诛瓯、越，复有事西夷，驰情宛、夏、身毒、月氏之绝域。天下静而武帝动，则一时之害及于民而怨讟起。虽然，抑岂非天牖之乎？玉门以西水西流，而不可合于中国，天地之势即天地之情也。张骞恃其才力强通之，固为乱天地之纪……武帝之始，闻善马而远求耳，骞以此而逢其欲……"

王夫之的高明之处，就在于他看到了经营西域的深远历史意义："以一时之利害言之，则病天下；通古今而计之，则利大而圣道以弘。天者，合往古来今而成纯者也。"

第五章

功越百王

第一节　皇权天授

新帝即位，最重要也最具有象征意义的一件事就是登基大典。只有举行了登基大典，皇帝的地位才正式确立，人们才承认你是皇帝。登基大典有冗长的仪式、烦琐的礼节，似乎只有这样，才能证明你已经当上了皇帝。但这一仪式对皇帝来说是神圣的，只有举行完这一仪式，他的身份才真正转变过来，由太子变成皇帝，这时他那颗悬着的心才可以稍稍放下一点。

汉武帝非常重视这点，他效仿秦始皇，到泰山封禅，就是要在全国上下的百姓心中树立好的形象，让百姓只知有君，一心为君。

汉文帝即位时，贾谊根据阴阳五行之说，推出汉灭秦，而秦以水为德，那汉理应以土为德的说法，他还亲自设计了一个土德制度的草案，色尚黄，数用五，定官名，悉改按水德制度。但是，宫中的一些老臣却不同意，于是他们千方百计地将这个贾谊赶出了朝廷。

文帝十四年（公元前166年），鲁人公孙臣上书言事，他说：汉朝应以土德为自己治国经略，而且指出土德的符应黄龙也必将会显现，汉应该立即改正朔、易服色，色尚黄。可是丞相张苍却与他唱起了对台戏。

张苍认为汉应为水德，黄河决口金堤就是它的符应。由于秦朝命短，在汉朝初期的人们思想意识中，秦朝的出现相对于周汉两个长期稳定的朝代来讲，它只不过是昙花一现，汉初的人们不承认秦朝的正统性，相反，他们将汉兴看作是承继周火德的结果，将自己定为水德才最为适合。于是，文帝及身边的一些大臣们否定了公孙臣的意见。

文帝十五年（公元前165年），在陇西成纪县（今甘肃秦安附近）居然真的出现了"黄龙"的符应。公孙臣的"土德说"这才被文帝应许，将公孙臣召拜为博士，命他与诸生起草改历服色的事宜，下诏命礼官议郊祀。

同年四月，文帝去雍县（今陕西凤翔区南），开始郊祀五帝。文帝十六年（公元前164年），有赵人新垣平说，长安东北方向有五彩神气，陛下应该在那里立祠。于是，文帝马上命人作渭阳五帝庙（在今陕西咸阳市东北），在霸陵（今陕西西安市东北）长门立五帝坛，郊祀五帝。

同时，命博士诸生采取《六经》文意编撰《王制》，谋议巡狩封禅事。并且还实行了更元年，以文帝十七年为后元年（公元前163年）。直到后元年十月，有人指出新垣平的神气之说乃是无中生有，全都是骗人的，于是文帝大怒，命人拿下了新垣平的小命。从此，文帝再也不相信汉为土德之说了。信奉道家之学的汉文帝，性格谦让，政治上主张顺其自然，清静无为，此后，他连郊祀也不去了。窦后不喜欢繁仪缛礼，改正朔服色封禅的事也就搁置下来了。景帝即位之后，情况也是大概如此，只是每年在祠官按时礼祠罢了。

到了武帝16岁即位之时，汉朝已经稳固发展了六十余年，天下太平，经济繁荣，这正是一个举行圣礼的大好时机。武帝为了扩张皇权，特别看重祭祀礼节。燕齐方士与齐晋儒生，还有阴阳家与儒学家们也是相互交流切磋，各取所长。当然，最为重要的还是董仲舒的"天"学之说，他把五行相生相克的学说统统吸收到自己的"天"学之说中。使得皇权"天"授的理论进一步完善。武帝本想举行圣礼，以显示自己的皇威，无奈却遭到窦太后的强烈反对。建元年间在长安城南立明堂，及草巡狩、封禅、易服色事的一系列计划就此中断。尽管如此，唐都和落下闳等还是继续进行改定正朔的工作。窦太后死后，武帝又重新萌发了举行圣礼的想法。他一面忙于集权立制、除患拓土，一面巡幸郡县，行郊祀礼，为封禅泰山做准备。

元光二年（公元前133年），帝行幸雍，祠五畤以后便每三年举行一次郊祀。

元光二年（公元前133年），亳人谬忌参奏："天神贵者太一，太一佐曰五帝。"

武帝命令太祝在长安东南郊立太一坛。据《通鉴考异》注："太一者，天之尊神。"由此可见武帝已经把郊祀活动中的太一位置提到了至高无上的位置。

武帝把太一的位置放在五帝的祭祀上面，这不仅仅反映了太一在汉人观念中高于五帝的地位，更是表现了汉人多神（五帝）崇拜趋于一神（太一）崇拜的倾向。后来又有人上书说："古来的天子每三年用太牢祭一回三一神：天一、地一、太一。"武帝又命太祝在太一坛上设天一、地一，并没有另设坛祠。

元狩元年（公元前122年）十月，武帝行幸雍县，祀五帝时，捕获了一只奇特的野兽，纯白的毛，头上生独角，而且还是五条腿。围观的大臣们都认为这便是麒麟，都说此乃上天之物，是上天所赐的符瑞啊。武帝也是大为高兴，他很快将这个消息告诉了诸侯。

济北王刘志急忙上书将境内的泰山及其附近的地方献出来，以便武帝在此举行圣大封禅典礼。可是武帝边患尚未戡定，淮南王谋反一案急需处理,这一次仍然把封禅的事给搁下了。文武百官都以为这是天示符瑞,是值得纪念的,纷纷建议应该建立年号。由于当时武帝和左右大臣信奉的都是五德终始说,仍以汉当水德,数以六为纪,因此有人建议"宜以天瑞命,不宜以一二数"。他们先把麒麟这一年改为元狩元年,把获麟前武帝在位十八年分别划分为三"元",每"元"为六年;按所见符瑞给每"元"命名,追加年号:第一个六年为建元,第二个六年为元光,第三个六年为元朔。

建立年号,显然是武帝表示天子应天受命的一种虚设证明,它不仅有利于皇权的统治,而且是皇权专制主义的封建统治法典化神圣化的政治制度,是武帝皇权"天授"思想的一种具体表现。

元狩二年(公元前121年)十月,武帝到雍地,祠五畤。元鼎四年(公元前113年)十月又幸雍祠五畤。同年十一月,太史令司马谈、祠官宽舒建议,在汾阴(今山西万荣西南)的泽中圜丘上始立后土祠。六月,在汾阴名叫锦的巫师在魏脽后土祠旁,发现了一个特大的鼎,这本没有什么可稀奇的,可当时人们都以为这是上天所赐的符瑞。河东太守郑重其事地上报了朝廷。

武帝对此也是十分感兴趣,于是赶紧派人下去查看,在证明确有此事后,他又命人用祠礼把鼎请到甘泉宫(在今陕西淳化西北甘泉山),献祀祖宗和天帝。在朝的文武百官都说:"陛下所得的乃是周鼎。"

武帝十分高兴,可是吾丘寿王却说这不是周鼎。武帝疑惑不解:"你说说,那这是何物?"

吾丘寿王说:"天祚有德而宝鼎自出,这是天要兴汉,所以是汉宝,不是周宝。"

武帝听后认为言之有理,大为赞赏,还用金银玉帛奖赏了吾丘寿王。

麟、鼎等诸祥瑞的出现，使得朝廷更为坚定了天命在汉的信念，行封禅大典的思想条件日益成熟，郊祀的活动也是愈益频繁了。于是又有了元鼎五年（公元前112年）十月，武帝到雍祠五畤后，巡狩关中；归甘泉，又立泰畤（太一神的祠坛）。十一月初一冬至，天色微明，武帝郊拜太一，又行祀日、月之礼，太一祠烈火满坛。次年进行祷祠太一、后土等一系列为泰山封禅做准备活动，始用乐舞，益召歌儿，作二十五弦及箜篌琴瑟自此起。

武帝在位十几年，在政治、经济、军事上都取得了骄人的成绩，如抑相权、削诸侯、迁豪族、行告缗、逐匈奴、平南越等，可以说是已经到告太平于天、报诸神之功的时候了。封禅泰山的事也被提上了武帝的工作日程。

由于多年的纷伐战乱，封禅典礼已经几十年都没有举行过了，具体仪式怎么举行很多人都已经记不清了。因此，武帝命公卿群儒根据《尚书》《周官》《王制》重新制定典礼方案。如今天下大定，可是封禅典礼的方案还没有拿出来，武帝有些着急了，于是把祭器拿出来给他们看，以便他们参照，可是他们说这祭器和古书中所记载的不一样。武帝又问他们封禅古礼究竟应该怎样，这50多个儒生各有说辞，各有各理。就在此时，武帝的主要文学侍从司马相如溘然离世了，他留下了一封遗书，书中提到颂功德，讲符瑞等事，意在催促武帝要加快封禅泰山的脚步。

武帝拿了这封遗书去问左内史倪宽。身为名儒的倪宽，乃是圆滑之人，他对武帝毕恭毕敬地说："封泰山，禅梁父，是帝王的盛节。但是具体仪式该怎么操办，经书上并没有写明。所以说，这只有圣明的天子亲自裁定才行，做臣子的只能是加以补充。大家这样无休无止地议论下去是不会有任何结果的，陛下还是亲自制定封禅大礼吧！"

这番话自是中听，契合武帝的心意。于是，武帝黜退诸儒，不再采用他们的意见，开始自制起封禅典礼的礼仪来。

武帝认为古代必先振兵释旅，再进行封禅。从元封元年（公元前110年）十月起，他就开始置十二部将军，亲率18万精兵强将，浩浩荡荡的大队人马，所形成的旌旗连绵至千余里，出长城，开始北巡边陲之途，登单于台，望朔方（相当于今内蒙古河套西北部及后套地区），临北河（约相当于今乌加河），所到之处无不威震四方。在归途中，又解陈兵旅。

正月，东巡海上，行礼祠入神。四月，武帝至奉高（泰山郡治，今山东泰安东），在梁父祭地主，用祭太一的礼去封泰山，又用祭后土的礼去禅泰山下阯东北肃然山。祭祀时，坛加五色土，武帝身穿黄色的礼服参拜，大道两旁的鼓乐队齐声奏乐，漫山遍野放满了从远方运来的珍禽奇兽。不仅如此，天公更是作美，这些天的天气极好，风和日丽。

典礼完毕后，武帝坐在泰山东北山基的明堂里，接受群臣的祝贺颂扬，心里自是得意。一想到当初秦始皇封禅泰山时，遭到一场大雨，一直为儒生所讥讽，现在自己的封禅大礼可算是无比完美了，汉朝的今日与秦朝相比，似乎也更合乎天意了。

元封二年（公元前109年），武帝命人按《黄帝明堂图》所说，在奉高的汶水边筑明堂。元封五年（公元前106年）修封泰山时，又派人在明堂上座祭太一、五帝，而太一、五帝对面是高祖刘邦祠，在下房祭后土。从此以后，祀明堂，郊祭太一、五帝、后土的仪式在这里都常有举行。

封禅泰山，不仅是汉代君主几十年来梦寐以求的一代大典，就连百官群僚、博士儒生都以能够亲自参加为荣。太史令因参与改历服色事，其位次在丞相上，理当随君主同行。武帝时的太史令是司马迁的父亲司马谈，可是不知何故，他却被滞留在了洛阳。司马谈懊丧至极，一气之下，生了重病。儿子司马迁出使西南归来，已经赶不及去参加封禅的典礼了，只好陪着老父在家养病。司马谈直到临终时，还握着儿子的手说："当今天子，上承千岁之正统，封禅于泰山，此乃何等的盛事！可惜我却不得跟去，这就是命啊！这就是命啊！"由此可见，封禅典礼的神圣已经深深地植根于汉人的思想观念之中。

泰山封禅大礼举行过后，剩下的就是改正朔变服色的事了。至太初元年（公元前104年），唐都、落下闳运算历法的具体工作已经进行得差不多了。太中大夫公孙卿、壶遂，太史令司马迁等人上言曰："旧纪坏废，宜改正朔。"武帝于是诏御史大夫倪宽与博士赐等人共同商议此事，他们都说"帝王必改正朔，易服免所以明受命于天也"，最后商议决定，"汉"应该按三统之制，改用为夏正，即以建寅之月为正月。夏五月，倪宽、壶遂、司马迁等人对新历进行了一次最后的修订定稿，称其为《太初历》，正式宣布改制，改元为太初元年，以寅月为岁首，服色尚黄，数用五，官名的印章改用五字，定官名，正律历协音乐，修订宗庙百官的仪礼，以为典常，流传后世。

《太初历》是唐都、落下闳和司马迁等人通过对古天文学观察，进行精密推算的结果，其准确程度已经超过了原先的《颛顼历》。由于汉初有六种历法，疏阔不说，而且还混乱之极。在这六种历法中，以《颛顼历》最为精密，所以采用了汉初张苍的说法，历法以《颛顼历》为主。但是《颛顼历》以十月为岁首，先冬后春，而且朔望有错，月满却朔，月望反亏，给生产、生活带来诸多不便。因此改正朔、"行夏时"，这实际上也是人民生产、生活之需，而非单一的统治阶级愚弄人民的工具。

现在，色尚黄，数用五，应为土德，可见，用的乃是五德终始说。改正朔，建寅正，习的是三统之说。因为三统说的中心是历法，所以，在三统说中，黑统的夏建寅正，白统的殷建丑正，赤统的周建子正。

汉与夏在代次上都是黑统，因此也应用夏历（夏历也称夏时），以正月为岁首。据说，原先孔子到齐国访得《夏时》，传《夏小正》，并有"行夏之时"的说法，所以行夏之时也就是用"素王"之法。

由此可知，建寅也好，色尚黄也罢，朝廷的主要意图还是出于政治统治和宗教利用的考虑，都是为了向百姓表明汉朝受命于天，替天行道。在正式改历时，仪式之隆重，典礼之神圣，自己在明堂朝见诸侯、郡守，接受正朔，而诸侯郡守又各自举行山川之祀，实际上这些都是武帝设的一个局，"诸神受祀"这一名堂，可以说是武帝对其皇权进行的有效维护和统治。

第二节　王道仁政

武帝即位之时，乃是"汉兴六十余岁，天下怀安"的景象，由于长年的天灾人祸，汉武帝的大肆挥霍，再加上为了追求长生不老而使政策一度失误，因此产生了大量的贫民、饥民和流民。这样无疑会造成"城郭仓廪空虚""摇荡百姓"，再加上土地兼并势力的发展，社会生产、国家财政收入以及政权的稳定现都出现了严重的问题。

饥民、流民问题的出现很容易引起阶级矛盾、社会矛盾的激化，正所谓"官旷民愁，盗贼公行"。景帝末年，社会风俗日渐浇薄，刑法渐苛，已经有酷吏郅都、宁成之辈出现，到了武帝时期更是有过之而无不及，军旅数发，征伐西夷，朝廷律法苛刻，酷吏盛行天下，社会矛盾逐渐暴露、日益激化、步步加深。据《汉书·刑法志》所载：

> "孝武即位，外事四夷之功，内盛耳目之好，徵发烦数，百姓贫耗，穷民犯法，酷吏击断，奸轨不胜。"

可见其问题的严重性。

在武帝统治后期，人民已经生活在水深火热之中，有些人不得不铤而走险，逃亡山林，成了公开反抗朝廷的"盗贼"。自从逃亡的"领头羊"出现后，各路人紧跟其后。天汉二年（公元前99年）秋，南阳郡有梅免、百政起义，楚有段中、杜少起义，齐有徐勃起义，燕、赵之间有坚卢、范主起义。征和三年（公元前90年）九月有公孙勇、胡倩起义。多者数千人，他们自立旗号，攻城略地，取库开狱，杀官檄告。少者聚众百数，转战乡里。

面对"犯法"之民及已危及政权的"盗贼"，武帝运用酷吏苛法进行无情地镇压。

天汉二年（公元前99年），武帝命御史中丞、丞相长史督察郡守尉诸侯相二千石讨伐，继派遣光禄大夫范昆、诸位辅都尉及原九卿张德等人持节镇压南阳楚、齐、燕、赵的人民起义，并捕获起义首领。起义军被打得一哄而散，然而在短短时间内又重新聚合，依阻山川，继续进行反抗。朝廷对这种游击战毫无办法。武帝一气之下又作"沉命法"，明确规定捕杀名额，严厉要求督察各郡县加紧捕杀。

这种酷吏苛法的启用虽可解燃眉之急，但并非长久之计，它毕竟不是治国的良计妙策。这样取得的政绩只是一时的，表面之举，治不了根本。社会矛盾不断加深，这边是武帝不断地镇压，那边是起义不断地出现，如此循环往复，形成恶性循环。

元封二年（公元前109年），酷吏杜周由御史中丞迁廷尉，在任11年，奉诏治狱，结果是越治越多。二千石吏的老案子还未了结，新案子又接踵而来，不少于一百人。中央丞相、御史两府及各郡所上交的劾章一年竟达上千件之多。劾章中所涉及的人，多的数百人，少的数十人；远者数千里，近的数百里。诏狱逮至六七万人，下面豪吏又增捕十多万。难怪史学家王夫之这样评论汉武帝之作沉命法：

盗者，人之所众恶者也。使人不敢恶盗，而恶逐盗之法，盗恶得而不昌？

呜呼！上失其道而盗起，虽屡获伏法，仁者犹为之恻然。况凭一往之怒,立一切之法,以成乎不可弭之势哉!汉武有丧邦之道焉,此其一矣。

王夫之是站在统治者的角度来看待问题的。但是他曾明确指出人民并不恨"盗",相反,而是同情"盗",因为此"盗"非彼"盗"也。此"盗"是因为人们被逼得走投无路了,才施以下策,否则不会铤而走险。"盗"者实为无奈之举,所以能赢得人们的同情。他们对"逐盗之法"深恶痛绝,认为苛酷的"逐盗之法"是武帝错误的丧邦政策。正因为他用法苛急,反而使得矛盾激化,导致"盗"起云涌,并且愈来愈猛,始终无法彻底消除。

沉命法使得小吏们怕"盗贼"报复,即使知道有"盗贼"也不敢揭发,而官府县衙也怕连坐不敢追究,"盗贼"自然就多起来。

社会问题严重恶化,社会矛盾日益激化,政权必将受到威胁。武帝身边的大臣们对此早有预见,这被董仲舒、徐乐等人认为是"土崩之势"。

早在元朔元年(公元前128年),徐乐就曾上书说:

> 臣闻天下之患,在于土崩,不在于瓦解,古今一也。何谓土崩?秦之末世是也。陈涉无千乘之尊、尺土之地,身非王公、大人、名族之后,无乡曲之誉,非有孔、曾、墨子之贤,陶朱、猗顿之富也。然起穷巷,奋棘矜,偏袒大呼,而天下从风,此其故何也?由民困而主不恤,下怨而上不知,俗已乱而政不修。此三者,陈涉之所以为资也,是谓之土崩。故曰天下之患在于土崩……近者,关东五谷不登,年岁未复,民多穷困,重之以边境之事,推数循理而观之,则民

且有不安其处者矣。不安，故易动；易动者，土崩之势也。

灾荒之年，民多穷困，朝廷不恤民生，不修民政，还要劳民，民心必然不稳，脱籍、逃籍而去，酿成"土崩之势"。武帝见书即拜徐乐为郎中，说明武帝也认识到了这一点。

"天下断狱岁以千万数"，残酷镇压是不对的，它并不会解决矛盾、缓和矛盾，反而将矛盾激化，致使矛盾扩大，导致更为严重的后果。

老子说："民不畏死，奈何以死惧之。"人生下来不是要被打压的。你越是压制他，他越要反抗。相反，给予对方充分的尊重，对方就会反过来顺乎你的心意。汉武帝对未犯科者先是采取残酷地打压办法，无奈越打压反抗的人越多，认识到靠打压解决不了问题后，听从董仲舒的劝谏，改施仁德，混乱的局面这才得到了缓解。

董仲舒曾经提出帝王统治应以天道为最高原则，即"任德而不任刑，王者应顺天行道，实施德治，修饬仁义礼智信五常，此为万世传颂的先王之道。实行先王之道，便能阴阳调而风雨顺，群生和而万物殖"，说明只有实行先王之道才能达到功业粲然复兴，子孙长久安宁的效果。

武帝本身就有着一定的儒学修养，看了董仲舒的上奏，他不得不重新考虑自己的文治武功是否正确。最终，他还是接受了以德治国的建议。对于"犯法"之民、"盗贼"，他并不是像以前那样一味打杀，而是给其新的机会、新的出路，让其安定，史称"更始"。

元封四年（公元前107年），关东流民200万人，无名数者40万，朝廷公卿议迁徙40万流民于边以谪，武帝不同意谪徙流民于边，并责备丞相石庆："今流民愈多，计文不改，君不绳责长吏，而请以兴徙四十万口，摇荡百姓，孤儿幼年未满十岁，无罪而坐率，朕失望焉。"还说："官旷民愁，盗贼公行。往车觐明堂，赦殊死，无禁锢，咸自新，与更始。"

武帝在经过一系列的挫折后，最终认识到唯有德治才能使自己的政权更长久。"赦殊死，无禁锢"都是德治的一种表现。这种优良的政策，可称为王道，也可称为"仁政"之举。

正是武帝"外施仁义"，才使得社会矛盾没有进一步激化和扩大，否则必将蔓延到关中成为全国范围的普遍性社会危机。武帝通过"外施仁义"避免了一场亡命亡国的灾难。正因为他牢记了这一点，所以才有了他以后的治水勉农、恤贫赦罪、移民屯田等举措。这些都是利国利民、缓和阶级矛盾之举，但最终的受益人还是武帝，它使得刘姓江山得以稳固。

第三节　爱民恤物

汉武帝种种"外施仁义"之举，无非是想揽得民心，"经国济民"。在他为人民谋福祉的同时，也加强了自己的集权统治，巩固了自己至高无上的皇位。正所谓：得民心者，得天下。

汉武帝在位54年，据《汉书·武帝纪》等有关文献记载，水灾、旱灾、虫灾、地震及火灾等等灾害共计约三四十次。

武帝即位后，天灾仍然频繁。即位之初数年间，连年歉收。建元三年（公元前138年），河水溢于平原（郡治今山东平原县西南）；建元四年（公元前137年），旱灾；建元五年（公元前136年），蝗灾；建元六年（公元前135年），河内（郡治怀县，今河南武陟西南）火灾。元光三年（公元前132年），黄河决口，附近十六郡受灾，堵而复决，洪水连续泛滥二十多年；元光五年（公元前130年），螟灾、风灾；元光六年（公元前129年），大旱灾、蝗灾。元朔五年（公元前124年），大旱灾。元狩四年（公元前119年），关东大水灾；元狩六年（公元前117年），大蝗灾。元鼎二年（公元前115年），关东大水灾，十余郡国受害；元鼎六年（公元前111年），河灾。元封四年（公元前107年），大旱灾；元封六年（公元前105年），大旱灾、蝗灾。太初二年（公元前103年），蝗灾。天汉元年（公元前100年），大旱灾。太始二年（公元前95年），旱灾。征和元年（公元前92年），大旱灾；征和二年（公元前91年），大风灾、地震；征和三年（公元前90年），蝗灾。后元元年（公元前88年），地震。

由于长年的自然灾害，导致大量的贫民、饥民、流民的产生。建元三年（公元前138年）的河灾，出现大饥荒，甚至出现人吃人的现象；元鼎二年（公元前115年），平原、渤海、泰山、东郡等地皆出现旱灾，道路两旁饿死的饥民百姓数不胜数，以千万计。

元封四年（公元前107年），关东流民有200万，其中无户数即无籍者有40万。据统计，平帝时，户千二百二十三万三千六十二，人口五千九百五十九万四千九百七十八，这是西汉时期最为殷盛时的人口数。武帝元封四年（公元前107年）与平帝元始二年（公元2年）仅仅相差一百零九年。按正常人口增长率（年增长率约为百分之一）计算去倒推，在元封四年（公元前107年）所占户至少应该在四百三十余万，人口为二千一百万。而当年仅关东流民及无户数者就

· 193 ·

占全部人口数的十分之一。数量如此之大的贫民、饥民和流民的产生，怎能不使"城郭仓糜空虚"呢？

面对这么多的灾民，汉武帝采取了以下抚民之举：

恤贫迁徙

在抚民之举中，其中一项便是恤民。恤民政策，汉初即有之，文帝十三年（公元前167年），赐天下孤寡布帛絮，"出帛十万余匹以赈贫民"。同样，武帝也很重视对贫民、饥民、灾民、流民的赈恤。

建元元年（公元前140年）四月下诏"扶世导民，莫善于德"。

元朔元年（公元前128年）十一月诏："夫本仁祖义，褒德禄贤，劝善刑暴，五帝、三王所由昌也。"

元狩元年（公元前122年）四月，遣谒者巡行天下，挨户存问致赐鳏寡孤独帛，人二匹，絮三斤。

元狩三年（前120）秋，举吏民能假贷贫民者以名闻。

元狩六年（公元前117年）六月，又遣博士褚大等六人分巡天下，存孤寡，恤废病，赈穷乏，劝孝悌，举独行之君子。

元鼎二年（公元前115年）九月，因水灾延及江南，武帝遣博士分道巡行江南谕告不得重困贫民，诏调运巴蜀之粟到江陵赈济，吏民有赈救饥民者具举上报。

元鼎六年（公元前111年），调巴蜀粟赈关东灾民。

元封元年（公元前110年）四月，加孤寡帛，人二匹；赐孤独米，人四石。

元封五年（公元前106年）四月，赐鳏寡孤独帛、贫穷者粟。

元封六年（公元前105年）三月，赐天下贫民布帛，人一匹。

汉武帝对救灾的态度十分认真，他知道唯有人民才是国家立足之根本，没有黎民百姓，又谈何国家呢？所以，武帝对于民众受灾，非常重视。

建元六年（公元前135年），"河内失火，烧千余家"，为此，武帝派汲黯为使前往视察。汲黯经过河南（今河南省黄河以南洛水、伊水下游，双洎河、贾鲁河上游地区及黄河以北原阳县），见河南万余家遭受水、旱灾，矫制发河南仓粟以赈救灾民。汲黯回来报告说："千家民宅失火，是由于房屋相近延烧所导致，这没有什么可忧虑的。可是微臣路过河内地区，农民有万余家因水、旱受灾，有甚者竟'父子相食'，所以，臣才用陛下所赐给的'符节'为凭证用河内仓库中的粟赈济贫民。现在，归还'符节'，并请治臣假托君命之罪。"武帝认为汲黯贤德，非但不治汲黯矫制之罪，反而对他更加敬重。

元光三年（公元前132年），黄河在瓠子地区决口后，因种种原因未能及时堵塞，这是一个严重的安全隐患。所以，在元封二年（公元前109年）武帝亲临决口处，监督堵塞工作，最终，堵塞工作圆满完成，致使东南十六郡免去水害之灾。

朝廷赈恤，对于贫民、饥民、灾民、流民来说，只是解一时之渴，救急救不了穷，况且国家耗财巨大。对此，武帝采取移民宽地富乡，假民于田的措施来进行补救工作。

用徙民的办法解决灾荒问题似乎是汉政权的传统，如：汉高帝二年（公元前205年）"关中大饥，米斛万钱，人相食"，高祖刘邦就曾采取过"令民就食蜀汉"的办法来解决这一问题。现在，武帝同样采用徙民的办法解决灾民问题，只不过比起高祖时规模更为庞大、组织更为严密、迁徙之地也更为遥远，如元狩四年（公元前119年）迁灾民七十余万口至朔方以南新秦中等地就是一例。

元鼎六年（公元前111年），崤函山以东出现水灾，数年不收一粒粮食，因而又出现"人相食"的现象，方圆两三千里都受了灾。据《史记·平准书》所载，武帝对此下诏说："江南火耕水耨，令饥民得流就食江淮之间，欲留，留处。"同时，派来使者沿途进行监督工作，并不断地对徙民加以关照，如：运来巴、蜀地区的粮食赈济贫民。

元朔二年（公元前127年）募民十万户徙朔方及募民迁徙南夷。据《汉书·昭帝纪》注引应劭说："武帝始开三边，徙民屯田，皆与犁牛。"可见移民屯田，不仅是为充实边防，主要还是解决贫民、流民的问题，真可谓一举两得。

元狩四年（公元前119年）冬，武帝派遣使者赈恤关东遭受水灾的灾民。由于当时国库消耗过度，拿不出那么多的粟帛去赈恤，只能采取迁徙政策缓解当时紧急状况。于是，武帝派人组织72.5万灾民迁徙入关以西朔方以南新秦中。起初，这些入关灾民衣食全由政府来承担，几年后，国家给予百姓产业，让其就地耕种，这项政策被称为移民屯田。据《汉书·食货志下》，公卿对武帝说："郡国颇被灾害，贫民无产业者，募徙广饶之地。"

元封四年（公元前107年）夏，关东大旱，导致流民达200万人之多，其中无名数（无户籍）者四十万。公卿们纷纷建议"徙流民于边"，丞相石庆主动辞职。然而，武帝认为："民所疾苦，惟吏多私，徵求无已，去者便，居者扰。"所以下令朝廷特设流民法，"以禁重赋"。

武帝禁止官吏对屯田、假田的流民进行剥削，严令禁止征收各种赋税,及其他侵扰流民之举。为此,武帝还专门设置了一套《流民法》。

元鼎以后,武帝对部分地区的田租实行减免政策;元鼎六年(公元前111年),诏议减左、右内史地田租;元封四年(公元前107年)三月,免汾阴(今山西万荣西南宝鼎)、夏阳(今陕西韩城南)、中都(今山西平遥西南)三县及杨氏邑当年租赋;元封五年(公元前106年)四月,免巡行所过荆、扬、江淮等地当年租赋;天汉三年(公元前98年)四月,免巡行所过泰山、北地、常山等地田租。可见武帝已经把这种恤贫之举作为了一种利国利民的政策来看待。

武帝为了更好地安置这些难民,开放禁苑,假民公田。汉高祖二年(公元前205年)时,就曾实行过开放秦苑囿园池,令民得田。建元元年(公元前140年)七月,武帝也曾开放皇家的养马地,赐给贫民放牧采樵。到了元鼎二年(公元前115年)秋九月,又诏"山林池泽之饶与民共之"。

另外,还让富豪用"假贷"方式来救济灾民。元狩三年(公元前120年),汉武帝派"谒者""劝水灾郡种宿麦",其中,有一个重要的职能便是"举吏民能假贷贫民者以名闻"。元狩四年(公元前119年),在武帝的赈灾措施中,同样有一条"募豪富相假贷"。

恤贫迁徙政策使百姓们安居下来,免于颠沛流离,从而缓和了阶级矛盾,同时,它还把农民束缚在土地上接受封建剥削,实为一招妙棋。

恤鳏寡孤独,尊奖孝悌力田与老人

中国古代就有恤贫养孤、尊老爱幼的传统美德。在《礼记·礼运篇》中描述人们对理想的大同世界向往时，就曾指出"使老有所终，壮有所用，幼有所长，鳏、寡、孤、独、废疾者，皆有所养"。这一思想也是儒家德治思想中的一个重要组成内容。

汉代的皇帝从文帝开始就对鳏寡孤独者的生活很关照，并且实行"礼高年"的措施。如文帝十二年（公元前168年）遣"谒者"赐"孝者，帛人五匹；悌者力田二匹"。文帝十三年（公元前167年）在下诏改革刑罚和减轻田租的同时"赐天下孤寡布帛絮"。

"谒者"是专门从事礼义活动的政府官员，在出现灾情时，汉政府常常派"谒者"为使，探视灾情，此举含有关照、慰问、礼遇之意。汉武帝即位之初，便立受鬻法，将其制度化。

建元元年（公元前140年）二月，令民年八十复二算，九十复甲卒。凡是户有高年八十以上者免二口的算赋，有九十以上者免更役。是年四月，又下诏书："民年九十以上，已有受鬻法，为复子若孙，令得身帅妻妾遂其供养之事。"

元狩元年（公元前122年）四月下诏：

> 朕嘉孝悌力田，哀夫老眊孤寡鳏独或匮于衣食，甚怜悯焉。其遣谒者巡行天下，存问致赐。曰皇帝使谒者赐县三老、孝者帛，人五匹；乡三老、悌者、力田帛，人三匹；年九十以上及鳏寡孤独帛，人二匹，絮三斤；八十以上米，人三石。

可见，武帝恤鳏寡孤独的目的就是要解决这些独寡老人的生活问题，即"哀夫老眊孤寡鳏独或匮于衣食，甚怜悯焉"。

尊奖孝悌力田又是一种良好的社会风气。孝，指孝顺、善事父母；

悌，敬爱兄长，顺从长上。这些都是儒学中的"君君臣臣，父父子子"之类的理论。这种理论明确指出，在宗法家长制社会中，家族内部只要能够孝悌，那么，在社会上，这种人对上级官吏就能忠顺。

力田，即全力发展农业生产。国之根本是民，而民之根本是粮，正所谓"民以食为天"，只要把粮食问题解决了，那么所有的棘手问题都会迎刃而解。必须把农业生产搞好，实行"以农为本"的政策，才能有利于社会的稳定。

因此，武帝在乡、县设有孝悌、力田的乡官，随时负责督导这两方面的事情。从这一诏书中还可发现另一问题，那就是赏赐分为四个级别：一是赐"县三老、孝者帛，人五匹"；二是赐"乡三老、弟（悌）者、力田帛，人三匹"；三是赐"年九十以上及鳏寡孤独帛，人二匹，絮三斤"；四是赐"八十以上米，人三石"。

帛、絮、米，这些赏赐的物品都是为了解决年老者的吃、穿问题。诏书中还特别强调"县、乡即赐"，禁止召集县、乡的三老、孝悌、力田者聚会。

元封元年（公元前110年）四月，武帝又加年七十以上帛。元封二年（公元前109年）四月，赐年高米，人四石。

说起恤鳏寡孤独赐帛的次数，武帝可远远超过了他的祖父和父亲。文帝时期，此举只有一次，景帝时也是一样，而武帝竟有七次之多，它们分别是：

元狩元年（公元前122年），赐鳏寡孤独帛人"二匹，絮三斤"。

元狩六年（公元前117年）六月，"遣博士大（褚大）等六人分循天下，存问鳏寡废疾，无以自振业者贷与之"。

元封元年（公元前110年）夏四月，在泰山封禅后诏书中要求对封禅所至淄博、历城、蛇丘、梁父等四县"加年七十以上孤寡帛，人二匹"。

元封二年（公元前108年）夏四月，又"赐孤独高年米，人四石"。

元封五年（公元前105年），武帝南巡，又封禅泰山，又"赐鳏寡孤独帛，贫穷者粟"。

元封六年（公元前104年），幸河东，祠后土，"赐天下贫民布帛，人一匹"。

太始三年（公元前94年），武帝幸东海、琅邪，赐所过地方"鳏寡孤独帛，人一匹"。

再说尊老。武帝主张实施"遂其供养"高年之事的孝悌。尊老是中国传统习俗，从古到今，国人都以"仁""孝"为道德准则。

汉文帝元年下诏说："老者非帛不暖，非肉不饱。今岁首，不时使人存问长老，又无布帛酒肉之赐，将何以佐天下子孙孝养其亲？"有关机构请中原地区的县和少数民族地区相当于县一级的赐给年老者米、肉、酒帛、絮，规定年八十以上，赐米人月一石，肉二十斤，酒五斗。九十以上，又赐帛人二匹，絮三斤。据《汉书·贾谊传》所载："文帝时礼遇老人，九十者，一子免去赋役；八十岁者，可以免去二人的算赋。"

武帝不仅继承文帝在尊敬老人这方面的传统，而且还把它发扬光大，在尊赐的次数上远远地超过了他的祖父。武帝共有五次下诏，提倡尊敬、孝养高者，《汉书·武帝纪》载：

建元元年（公元前140年）春二月，规定：年八十免二口之算赋，九十复（免）甲卒。

同年四月，武帝下诏说：今天下的孝子、顺孙是愿意竭尽其力以事奉亲人的，然而由于外迫于公事，内乏资财，所以无法尽孝，朕甚哀之。民年九十以上，已有受鬻（粥）法（给米粟以为粥），有子即免其子的赋役，无子即免其孙子的赋役。令他们得以身帅妻妾遂其供养之事。

元朔二年（公元前127年）十一月，诏："故旅耆老，复孝敬。"

元狩元年（公元前122年），遣谒者赐九十以上帛，人二匹，絮三斤；八十以上米，人三石。

元封二年（公元前109年），"赐高年米，人四石"。

可以说，优抚高年这项带有宗法性质的措施，不仅起到了稳定社会、确保统治秩序的作用，还大大巩固了父权、君权。

赦官奴婢、刑徒、罪人与赦天下

汉武帝即位后，注意施行德治，还表现在对因种种原因沦为官奴婢与刑徒、罪人等人进行赦免和大赦天下方面。

释放奴婢是诸帝以来的一项传统措施。汉代赦免刑徒、罪人，高祖曾诏"民以饥饿自卖为人奴婢者，皆免为庶人。"文帝时有三次。一次是文帝二年（公元前178年）春正月，诏"民谪作县官（官府）及贷种食未入、入未备者，皆赦之"。一次是文帝三年（公元前177年）秋七月、八月，因济北王刘兴居反，赦免了与此次事件有关的吏民和士兵。一次是文帝四年（公元前176年）也曾诏免官婢为庶人。

武帝继续实施这项政策，建元元年（公元前140年）五月，"赦吴楚七国帑（妻、子）输在官者"。此举缓和了统治阶级内部矛盾，而且给这些人自新的机会。

大赦，也是汉代一项非常正规化的制度，新皇帝即位，大赦天下。自高祖到景帝六十余年计二十二赦，平均三年一赦，此外还有别赦。这种普遍性赦罪的制度，武帝也是大力支持，循而未改，在位五十四年，共十八赦，平均每三年就有一赦。

汉武帝时因重大祭祀活动和其他特殊原因赦免刑徒、罪人，共有六次：

元光六年（公元前129年）春，"赦雁门、代郡军吏不循法者"。

武帝元封二年（公元前109年），到雍（今陕西凤翔境）祭祀五帝，春止缑氏（今河南偃师东南）又至东莱（郡名，今所在山东烟台威海一带），夏四月又至泰山祭祀。后又至黄河瓠子（今河南濮阳南）塞决口。下令"赦所过徒"。

元封四年（公元前107年），祭后土，"赦汾阴、夏阳、中都死罪以下"。

元封六年（公元前105年）三月，祭后土，"赦汾阴殊死以下"。

元封六年三月，"益州、昆明反，赦京师亡命令从军，遣拔胡将军郭昌将以击之"。

太初二年（公元前103年）四月，祭后土，"赦汾阴、安邑殊死以下"。

汉武帝在"赦天下"的措施上大大超过了他的祖父和父亲。据《汉书》各帝纪所载，文帝在位22年，"赦天下"4次；景帝在位15年，"赦天下"5次；武帝在位54年"赦天下"和"大赦天下"18次。究竟是什么原因导致武帝"赦天下"次数如此之多呢？

任何事物的变化，其原因都不是单一的，在"赦天下"这件事上也一样。文帝、景帝时一般都在即位和有大事时"赦天下"，而武帝除此之外，还在改年号时赦天下。武帝一生共享了十一个年号，一般改一个年号就赦一次天下或"大赦天下"，这就难怪此举执行如此之多了。建元元年、元光元年、元朔元年、元狩元年、元鼎元年、元封元年、天汉元年、太始元年、征和元年、后元元年都"赦天下"或"大赦天下"，释放了罪人。

另外，由于汉武帝对祭祀也很重视，所以，在进行重要的祭祀活动后，他也要"赦天下。"元封五年（公元前106年）春三月，汉武帝至泰山，增封，祠高祖于明堂，以配上帝。夏四月，下诏："增修封禅，其赦天下。"天汉三年（公元前98年），汉武帝于三月，幸泰山，修封，祀明堂，因受计（接受郡国上计）。夏四月，"赦天下"。太始四年（公元前93年），汉武帝幸泰山，把高祖于明堂，因受计，后又祀景帝于明堂，又修封。是年五月，武帝"还，幸建章宫，大置酒，赦天下"。

汉武帝受天人感应思想的影响，只要发生灾异和祥瑞，武帝认为这年也应"赦天下"。元光四年（公元前131年）五月地震，武帝"赦天下"；元封二年（公元前109年）六月，因甘泉宫内产芝（灵芝）九茎连叶，武帝以为是上天所赐的祥瑞，下诏"赦天下"。正是因为有着以上多种原因，所以才使武帝"赦天下"次数如此之多。

汉武帝除了实行"赦天下"，还继续汉初赐民爵的措施，元封元年（公元前110年）四月，令民得入粟赎罪，赐天下民爵一级，以提高农民的社会地位。太始二年（公元前95年）九月，招募犯死罪者能缴入赎罪钱五十万的，就减死一等。

释奴赦罪、赐民爵，都是有利于减少、缓和社会矛盾、阶级矛盾之举，从而防止人民铤而走险，起兵造反。

汉武帝不愧为一位英才，他充分运用手中的权力，积极调动身边的有利因素，披荆斩棘，赈济灾民、抚恤鳏寡孤独、尊奖孝悌力田、赦免罪人、减轻刑罚。这些政策措施的施行，给人民带来了极大的好处，保证了社会的稳定发展。从某种程度上说，这也是对他的专制统治的一种粉饰、一种调整，也保证了自己统治的长治久安。

第六章 晚年改过

第一节　争论

汉武帝是一个该强硬时就决不手软的人，他仁义与刑罚并施，宽猛兼济，王道和霸道相互补充，还任用一批酷吏，使臣民不敢妄为。汉武帝在其皇权专制统治的过程中，一个最为明显的特征便是内暴外宽、儒表法里的"内多欲而外施仁义"。

建元六年（公元前135年），武帝下诏广招文学儒士，而前朝留任下来的唯一的崇尚黄老无为政治的公卿大臣汲黯，看透了武帝的本质，当面指出武帝绝不是与唐尧虞舜一样的圣君明主，当时他声色俱厉地说："陛下内多欲而外施仁义，奈何欲效唐虞之治乎！"

所谓"多欲"便是指出武帝多有私欲，也是讥刺他假仁假义。而"唐虞之治"乃是指中国古代人们心目中最为理想的大政治统治：唐虞纯用德治，以理服人，以德教人，施行礼乐仁义，耐心教民化欲，以臻太平盛世、大同世界，正所谓王道也。而王道的关键之处便是要求君主必须完全克制私欲，主张清静无为，身先士卒，正身率下。因此，自然不再崇尚暴力刑罚。而武帝实际上实施的是霸道。所谓霸道，就是以法家的急功近利之法，视仁义德治不合时宜，从而极力主张用力政刑罚代替德教仁义。与王道正好相反的便是君主有为，大权集于一身，多欲为之。并且儒道两家在君主个人必须寡欲无为这一点上是一致的。但是儒家的多欲与仁义却相互矛盾，难以并立而行，既然多欲，必然急功近利，崇用力政，又怎么能实施真正的仁义呢？黄老既反对法令滋彰，也以为仁义礼乐是繁文缛节而加以反对。所以，面对汲黯的词义尖刻，武帝自是骤然色变，一怒之下，转身罢朝。

然而，事实的确如汲黯所说。据《汉书·元帝纪》所载，宣帝教训爱好儒术的太子（即元帝）时，曾经这样说过："汉家自有制度，本以霸、王道杂之，奈何纯任德教，用周政乎！"

可见，这是对武帝政治本质的深刻概括。

汲黯的批评无疑是正确的。他指出了武帝统治时期政治的本质特征，而且更加明确地道出了君主多欲与仁义的内外关系。

武帝思想上"内多欲而外施仁义"，表现出来的形式就是内暴外宽，儒表法里。任用酷吏，整顿吏治，即是内暴；详延天下方正博闻文学儒术之士，"用经术润饰吏事"，便是外宽。武帝"以法制御下，好尊用酷吏，而郡、国为治者大抵多酷暴"。

武帝的"好用酷吏，为治多暴"，他的专制主义统治与西汉初期诸帝主张的"无为而治"形成了鲜明对比，这在两汉政治统治中显得极为突出。

汉朝初期，在高祖、惠帝、文帝至景帝统治的六七十年间，实行政简刑轻，任用不过两三个酷吏。而到了武帝统治时，他为了加强皇权，专制政治，竟然大批任用酷吏，企图对吏治进行大力整顿。据《汉书·酷吏传》所载，汉朝时期，官声酷烈者有14人之多，但是武帝统治时期竟有11人，占70％多，他们分别是张汤、杜周、宁成、周阳由、赵禹、义纵、王温舒、尹齐、杨仆、咸宣、田广明。

武帝的吏治酷暴大致可分为四个时期。

第一个时期，即位之初，吏治尚修谨，酷吏有宁成、周阳由二人，"由居二千石中最为暴酷骄恣"。宁成、周阳由二人都是景帝末年留用的酷吏，武帝派宁成为内史，仍旧留用周阳由为郡守。

不久，宁成因遭外戚陷害，差点丢了性命，于是，自动辞职，私造符信，蒙混出关，解甲归田。周阳由同样也是没有好下场，他在河东担任都尉，因夺取了太守治权，最后被弃市处死。

第二个时期，汉武帝改用法家张欧及命张汤、赵禹论定律令，用法日益苛刻。让张汤和赵禹共同制定各种法律条文，约束官吏；任用酷吏严格执行这些法律条文，惩办违法官吏，但这一时期的酷吏有一个明显的特点，那就是官职较低，治尚"辅法而行"。

第三个时期，吏治酷暴的现状大为改观。元狩二年（公元前121年），"酷吏魁"张汤升迁御史大夫，掌握朝廷实权；河内太守王温舒为中尉，治多曲法，"是时，郡守尉、诸侯相、二千石欲为治者，大抵尽效王温舒等"。

第四个时期，由于汉武帝晚年悔悟，致使吏治制度复归修谨。总体来说，汉武帝统治时期，主要还是以儒表法里的内暴外宽为主要统治特征。

酷吏之盛衰兴亡，反映着社会阶级矛盾的升降起伏。汉初，君主政治上崇尚无为，天下大安，因此，"吏治蒸蒸，不至于奸"，可谓循吏政治，即师古所说"上顺公法，下顺人情"。汉武帝即位之初，也是承文景遗教余风，"吏治尚修谨"。黄老无为的政治观与自己的王霸多欲政治交替运用。可是到了后来随着陈皇后一案，以及淮南、衡山案出现，再加上适逢连年歉收，民卖爵鬻子以接衣食等等社会矛盾的激化，多欲的汉武帝最终走上了酷吏苛法的路子。贡禹评论说：

> 是以天下奢侈，官乱民贫，盗贼并起，亡命者众。郡国恐伏其诛，则择便巧史书习于计簿能欺上府者，以为右职；奸轨不胜，则取勇敢能操切百姓者，以苛暴威服下者，使居大位。

难怪清代王鸣盛的《十七史商榷》卷六中这样记载：西汉吏治坏在武帝世。

汉武帝的酷吏政治与一个人物的被重用有相当重要的关系，这个人物就是张汤。

张汤长安吏出身，曾为宁成掾，后被田蚡提升为丞相史。由于田蚡的推荐，张汤平步青云，补侍御史。起初，在元光四年（公元前131年）九月，武帝任命法家张欧为御史大夫。可是到了元光五年（公元前130年），武帝又把陈皇后的巫蛊狱交给了张汤来审理。张汤新官上任，初试锋芒，大肆株连，杀三百余人。武帝看他才能过人，又把他升迁为太中大夫。当时提升为中大夫的还有御史赵禹。

元朔三年（公元前126年），张汤又被武帝提升为廷尉。张汤十分善于处理与武帝之间的君臣关系。如果武帝想给谁治罪，张汤便舞文巧法，小事化大，无中生有，最后把治罪之人交严苛的监吏重办；武帝想要宽释的罪人，张汤便见风使舵，交平和的监吏从轻处理。如果遇到那种审判定罪无法轻易定论的案件，张汤必先上奏武帝，看武帝究竟意欲何为，然后自己再把武帝的建议，肯定地书于宪法契令以为后世，以此来"扬主之明"，这样自己便没有任何过错可言了。如果有错，也是错在武帝，因为自己乃是"奉天承运，皇帝诏曰"，一切按照天子的旨意来行事的。

不仅如此，张汤见武帝好文学，于是起用一批博士弟子补廷尉史，附会《尚书》《春秋》的经义来处理大案，足见其很善于把握武帝的心思。

在这批博士弟子中，包括王温舒、咸宣、尹齐、杜周等人，他们都是张汤式的酷吏人物，深谙经术润饰酷政道理。唯上是从的性格又使他们养成身兼文学、且行刀笔吏的酷吏行为。

张汤内修私德，居官廉洁，善于处理同僚关系，对故人子弟及穷兄弟更是百般呵护，造谒诸公不避寒暑。不仅得武帝欢心，更为丞相公孙弘称道。

公孙弘本是一代儒家代表，但他并不是专治经学的儒学家，而是以儒术谋求禄利的官僚式儒者。他的本质实际是以经义服从政治，并不是以儒家经义为最高原则，而是以皇帝的圣旨为最高原则。这就与儒学大家董仲舒的言论行为形成了鲜明的对比。在经义与政治矛盾缓和之时，他又能宣法宏道，鼓吹儒家思想。他的这种做法，深受正统儒学家们的厌恶。难怪九十多岁的宿儒辕固骂他："公孙子，务正学以言，无曲学以阿世。"董仲舒自然也是以"从谀"将其斥之。

公孙弘为求利禄希宠幸，见风使舵，常常违背儒家的教条原则，"常称以为人主病不广大"，鼓吹皇权扩张。司马迁、班固给他的评语是"希世用事""习文法吏事，缘饰以儒术"。但是他身上的儒学色彩毕竟浓重一些，而张汤这一类人物则是酷吏一族。

武帝在推行酷吏政治时并非一帆风顺、畅通无阻。景帝时期留下的老臣汲黯就曾对此深感痛恨，崇尚无为的他极力反对穷凶极恶的酷吏政治。

元朔三年（公元前126年），汲黯曾当着武帝的面质问张汤："公为正卿，上不能褒扬先帝的功业，下不能化导天下的邪心、安国富民，使监狱出空，为何要乱改高皇帝的法度，我看你从此要灭种了。"汲黯与张汤常常在朝廷之上唇枪舌剑，争论不休。可是每次汲黯都被伶牙俐齿、巧言雄辩的张汤弄得哑口无言。

有一次，汲黯怒不可遏地骂道："天下人都说刀笔吏不可做公卿，现在看来，果真如此。必是张汤要弄得天下人心惶惶，怒目而视！"

武帝当然不允许自己的酷吏政治受到任何阻碍，凡是有损于皇权权威的人物必将受到严厉处罚。因此，在他的怂恿和支持下，丞相公孙弘先是赶走好儒学之说的董仲舒，然后又与张汤相互勾结，把汲黯也挤回了老家。如此一来，酷吏政治的道路上，再也没有碍手碍脚的儒生们在武帝耳边叽叽歪歪了。

元狩二年（公元前121年），张汤因处理淮南、衡山两狱有功，被武帝提升御史大夫。自此以后，"丞相取充位，天下事皆决汤"。武帝把廷尉门下的一批酷吏纷纷提升为朝中要职，然后布满三辅诸郡国，使其大展宏图，为自己的酷吏政治打下了坚实的基础。

这些酷吏都有一个共同的特点，那就是嗜杀成性，且以"杀人行威"为治。由于杀人多者不但不会受到处罚，反而还可得到武帝的重用，有了武帝的支持，他们更是要大开杀戒了。

王温舒年少时，便杀人埋尸为奸，后为亭长、吏，以治狱至廷尉史。后来跟随张汤，又晋升为御史。因督责盗贼，杀伤甚多，得迁至广平都尉。由于其恣意督杀，竟使得道路肃然，武帝大为欢心，因此，擢升他为河内太守。

新官上任三把火，刚一上任的王温舒立即展开了大屠杀。按照汉朝时期的法律规定，"秋决冬刑"，即秋天判了死罪的犯人，过了立春就不能处决。秋决大权即在朝廷，不可随意改变。王温舒到达河内之时已是九月暮秋，他为了赶在立春之前将奏书报上朝廷，就命令置备五十匹私马，并在河内至长安道上设置数个驿站，以此加快报批速度。以这样马不停蹄、人不歇脚的速度报批奏书。用时不过两日，郡里就收到朝廷批文，河内之人皆叹为观止，称其神速。

大捕杀行动开始了，"郡中豪猾""相连坐千余家""至流血十余里"。至这一年年底，河内地区已经杀得是"郡中无犬吠之盗"。尽管如此，王温舒犹嫌不够，到了立春这一天仍是捶胸顿足，唉声叹气地

第六章 晚年改过

· 211 ·

喊道:"天啊!要是再给我一个月的时间,我就大功告成了!"当武帝得知此事之后,看其办事得力,于元狩三年(公元前120年)又擢升他为中尉。

酷吏不仅杀人手段凶狠,而且常常提倡告密,其方法手段也是多种多样。元鼎四年(公元前113年),身为中尉的王温舒,"投缿购告言奸,置伯格长以牧司奸盗贼"。以设置告奸器来鼓励、奖励告密者,置伯及邑落之长在基层广为收捕。据《汉书·赵尹韩张两王传》所载,注引苏林所说:"缿音项,如瓶,可受投书。"师古说:"缿,若今盛钱藏瓶,为小孔,可入而不可出。或缶或箱,而用受书,令投于其中也。"告奸器始于此矣,告密之风也盛于此矣。

既然是要整顿吏治,仅起用酷吏是不够的,必须与严厉的法令实施同时进行。由于汉初主张无为而治,约法省刑,因此,在元光、元朔间,武帝命太中大夫张汤及中大夫赵禹共同论定律令,新设定的法令,不仅恢复了汉初曾废除的连坐法、族诛法等,还增设见知故纵法、腹诽法等,条令涉及范围不仅周密,而且极其苛厉,从此,汉法变得极为严酷。据《汉书·刑法志》所载:

> 及至孝武即位,外事四夷之功,内盛耳目之好,征发烦数,百姓贫耗,穷民犯法,酷吏击断,奸轨不胜。于是招进张汤、赵禹之属,条定法令,作见知故纵、监临部主之法,缓深故之罪,急纵出之诛。其后奸猾巧法,转相比况,禁罔寖密。律令凡三百五十九章,大辟四百九条,千八百八十二事,死罪决事比万三千四百七十二事。文书盈于几阁,典者不能遍睹。

可见其鼓励吏官枉法曲法,轻罪重罚,乱意捕杀,制造冤假错案。如：见知法，即是指发现人犯法而不检举告发，便以故纵罪论处，所监临部主也并罪连坐；急纵出之诛，指吏释免罪人，可怀疑他是纵出，须急诛杀；缓深故之罪，指吏犯了故意制造理由捕人与深害罪全都从宽从缓处理。如此之法，怎能不使各级官吏依法相互纠察，鸡蛋里挑骨头，相互告发。

元狩六年（公元前117年），张汤又创设一种"腹诽法"，这种法令更不合理，但是却为武帝所好。当时，武帝派张汤审讯大司农颜异。颜异门下的宾客曾在颜异前议论朝政，颜异本人并无行为诡计，触法行为。但是张汤和颜异有嫌隙，于是因人设法，奏说："颜异位为九卿，见令不便，不入朝廷发表意见，实为'腹诽'，理应论死。"自此以后，有了腹诽法。

说是腹诽法，实际上是皇帝可以任意给臣僚加罪，可以任意对百姓处罚。一时弄得阴险恶毒之人横行霸道，臣民自知大祸之将至，如漏网之鱼，丧家之犬，精神常处于惶恐之中。最终弄得朝廷上下乌烟瘴气，百官公卿见风使舵，溜须拍马，阿谀奉承，以求自保。

如果说腹诽法是针对政府官吏而设置的，那么沉命法则是完全针对平民百姓开创的一种严酷律令。沉命法始创于天汉二年（公元前99年），为了镇压百姓，它规定郡县捕杀"盗贼"定额：凡遇百姓违法为"盗贼"，不得藏匿，敢藏匿者，处死；"群盗"起而不发觉，或虽发觉但没有达到规定的捕杀数额，二千石以下到小吏主管捕"盗"的，皆一律处死不赦。

在这毫无道理可言的公法之下，冤死之人众多，苟活于世的人更是无数。元狩三年（公元前120年），汉武帝开挖昆明池，参加劳动的尽是"谪吏"，估计至少有十万左右，可见当时整饬之严导致犯法的官吏之多。

作为武帝的鹰犬，这些酷吏一是打击各诸侯王、豪族强宗、官商大贾、不法长吏。比如：周阳由治郡，不管你是平民百姓，还是豪族强宗，只要触犯王法，立即拿下。豪强大贾、平民百姓一把抓。又如：义纵担任长陵和长安令时，治法避让权贵，曾经惩处过王太后的外孙后又擢升为河内都尉，继续族灭豪强穰氏。调南阳太守后，立即抓捕在郡中欺行霸市的宁成，吓得南阳豪强孔氏、暴氏连连逃窜。还有尹齐等人均是"斩伐不避贵势"。武帝常常委任酷吏治诸侯王狱，如张汤、咸宣治淮南狱。御史大夫也多以酷吏来担任，因此，刺史六条所监察的对象，也多是酷吏锁定的目标。

酷吏的第二个职能便是镇压吏民暴动、起义，即"督盗贼"。当"郡国盗贼并起"，武帝迁"以杀伐为治"的田广明为淮阳太守。岁余，故城父令公孙勇与客胡倩起义，田广明得知后，立即发兵，对其进行血腥镇压。

元狩四年（公元前119年），铸私钱者无数，三辅京师之地特多，武帝任命义纵为右内史、王温舒为中尉，合力扑杀。

由此来看，武帝的论定律令，并不是一般意义上的"法治"，他的法令不过是维护自己统治的一种工具，以镇压手段获得安宁罢了。

说他运用法家之术，但是他的"法家之术"早被人偷偷地置换了。中国早期的法家视法高于一切，"不别亲疏，不殊贵贱，一断于法"。即使是天子也在法律规范之内，"与民同法"，此为公法。持平执法，法不阿贵，真付诸实施，这才叫真正的法治。而武帝所用的"法"是经韩非改造过的"法"。法家的精髓、扼要已经演变为狭隘的专制主义，它鼓吹的是君主一人集权的独裁专制。在这种皇权专制制度下，怎能有真正的法治，所以貌似法家的代表，实为皇权的行尸走肉，流为酷吏。

这种"治民不治官，治下不治上"的政策完全是武帝集权的一种强力手段。从存在学的角度来看，这绝对不是偶然，每一个历史时期都有其必然性的一面。而武帝任用酷吏实行苛法的必然性，就在于它是用地主阶级的集中意识体现皇帝个人的意志，从而成为天子一家一姓一人的私法。

这些酷吏们既是执行苛法者，又是曲法枉法者，欲意为之，无所不为。

周阳由"所爱者，挠法治之；所憎者，曲法灭之"。王温舒纵使督捕，"快共意所欲得"。这都说明酷吏并不是真正地用律法来整顿天下的，反而常常是公报私仇，法外为治，"无事之人，以罪之；有罪之者，无事之"。执法者把握律法的随意性，让人瞠目结舌。论其本质，还在于法律的皇权专制主义性质决定了这种乾坤混乱的结果。皇帝是法律的化身，酷吏把皇帝的意旨奉为圭臬，名曰有法，实则无法无天。

元封二年（公元前109年），杜周担任廷尉后，做起事来更是看武帝的脸色行事。武帝想要加害的，他就无中生有，加害于人；武帝想要开释的，他就拖延审理，替其喊冤，大事化小，小事化无。

如此不循规守法，他们自己所定的律令条文完全成了一张白纸，毫无效用。连杜周门下的宾客们都大惑不解地问杜周："君为天下决平，不循三尺法，专以人主意旨为狱，狱者固如是乎？"杜周的回答也直截了当："三尺安在哉？前主所是着为律，后主所是疏为令；当时为是，何古之法乎？"看来执法者本人都道出了皇权立法的实质：皇权专制。

法乃是天子一人之法，皇帝的专有物，维护皇权的统治工具。并非为天下公理所立，并非为天下良民所设，因此，它所谓的法治，也只是以人治人，以官治民，以帝治臣。这种"法治"的封建社会从不会怜惜弱者，而只会将其蹂躏。酷吏们成了汉武帝强化皇权道路上的鹰犬。

其实，就算这些酷吏们执法如山，不越准绳，但其苛法为治的主要手段，也实属虎狼之政。武帝有一次想重新起用在家安居的宁成担当郡守，可是却遭到了御史大夫公孙弘的强烈反对："臣居山东为小吏时，宁成为济南都尉，其治如狼牧羊。成不可令治民。"最后，武帝只得拜宁成为函谷关都尉。可不到一年，吏民出入关者便曰："宁见乳虎，无值宁成之怒。"可见在一般人的心目中，酷吏及苛法比哺乳期的老虎都更加令人毛骨悚然。

这些祸国殃民的酷吏们，最终也没有一个好的下场。疑心特重的武帝既然能启用这些鹰犬，自然也能用同样残酷的手段将其灭之。比如元狩五年（公元前118年），身在鼎湖的武帝病倒了，一个月过后，大病初愈的他赶去甘泉，途中见沿路未经整修，他怀疑是右内史义纵认为自己大病不起，所以故意失职，不修此路。武帝大发脾气，大声骂道："义纵啊，义纵，你以为我真的起不来了吗？你等着瞧吧！"后来，义纵因查办"杨可告缗"一案，揪出这告缗一案的幕后指使人竟是武帝，武帝同样使了一招栽赃陷害，诬陷于人，把义纵处死了。

汉武帝时期所任用的酷吏，几乎无一例外，全都不得善终，无利用价值时，非诛即免。对于作恶多端的酷吏来说，也算是罪有应得。可见武帝已将权术运用到了炉火纯青的地步。

第二节　穷奢极欲

班固说武帝"罢黜百家，表章《六经》""畴咨海内，举其俊茂""兴太学，修郊祀，改正朔，定历数，协音律，作诗乐，建封禅，礼百神，绍周后，号令文章，焕焉可述，后嗣得遵洪业，而有三代之风"，具有"雄才大略"。

司马光却说武帝"穷奢极欲，繁刑重敛，内侈宫室，外事四夷，信惑神怪，巡游无度，使百姓疲敝，起为盗贼，其所以异于秦始皇者无几矣"。

司马光对汉武帝的批评可谓毫不留情，但他毕竟是个大史学家，批评完之后，他笔锋一转，公正地赞扬了汉武帝的优点："然秦以之亡，汉以之兴者，孝武能尊先王之道，知所统守，受忠直之言，恶人欺蔽，好贤不倦，诛赏严明，晚而改过，顾托得人，此其所以有亡秦之失而免亡秦之祸乎！"

班固把汉武帝放在历史发展的长河中，侧重于历史功绩，因而褒多于贬；司马光是北宋时期的理学家，道德评判的意味比较浓厚，如果不是贬多于褒，起码也是毁誉参半；他们的话都不失公允。不过，后人多与班固的眼光相同，更注重汉武帝的历史影响，因而，"雄才大略"几乎成了汉武帝的第一定冠词，刘修明写汉武帝即以《雄才大略的汉武帝》作书名，但是，历史学家的严谨使他们的评语透露着抽象和理性，使我们体味不到汉武帝作为一个人的生动气息。

汉武帝在位50多年，建立了一系列的文治武功，北伐匈奴，南平闽越、南越，于西南设郡，开边兴利，继往开来，对中华民族做出了具有历史意义的贡献。但是，由于武帝急功近利、好大喜功，也做了不少不利于社会发展和对人民有害的事情，造成了巨大的人力、物力、财力的浪费，给人民带来极大苦难。例如：

元狩四年（公元前119年），为了奖赏那些对匈奴讨伐有功的将士们花费了50万两黄金，这相当于汉政府一年国库的总收入。然而汉武帝从即位到临终用兵四十余年，大小战役不计其数，可想而知，其军费之大早已成为了一个天文数字。

据生活在这一时代的司马迁记录："汉兴七十余年之间，国家无事，非遇水旱之灾，民则人给家足，都鄙廪庾皆满，而府库余货财。京师之钱累巨万，贯朽而不可校。太仓之粟陈陈相因，充溢露积于外，至腐败不可食。众庶街巷有马，阡陌之间成群，而乘字牝者傧而不得聚会。守闾阎者食粱肉，为吏者长子孙，居官者以为姓号。故人人自爱而重犯法，先行义而后绌耻辱焉。"可见其即位之初，人给家足，府库充实，可是武帝在位期间，经过几十年对外战争，已经是"海内虚耗"。

每一个专制集权的国家都有助于统治者养成穷奢极欲的生活方式。武帝同秦始皇一样，也喜欢巡游。他曾先后出巡十几次。这在他即位之初便显现出来了。

汉武帝即位之时，年仅16岁，这正是顽皮的年龄，加之窦太后大权独揽，用不着他处理国事，做了几年逍遥天子。

武帝极好犬马生活，在宫苑驰马纵犬乃是常有之事，而且还常常微行出郊几十里，穿越农地，远游狩猎。

建元三年（公元前138年），微行始出，北至池阳（今陕西泾阳西北），西至黄山（今陕西兴平东南），南猎长杨（今陕西周至县东南），东游宜春（今陕西西安市东南曲江）。长安方圆几百里的地区都留下了他的足迹。他尤其喜欢夜行，自称平阳侯，与左右一班精骑善射的侍从在殿门前会合之后，便踏着黑夜的宁静和别人的梦乡，浩浩荡荡，一路进发了。等到天亮时分，这伙人已在终南山下追狐兔、射豕鹿了。骏马纵横，风驰电掣，马嘶声，人喊声，响在一处，和在一起。只可惜老百姓的良田变成了游猎场，人马过处，绿油油的庄稼"稀里哗啦"一片接一片地倒下去，气得农民们个个咬牙切齿，大声怒骂。武帝索性命太中大夫吾丘寿王等，毁坏民冢墓室，广圈冢地，辟上林苑。

元封元年（公元前110年）武帝北至朔方（今内蒙古乌拉特前旗南）阅兵，意在向匈奴炫耀军威，然后又马不停蹄地南下登中岳嵩山，东巡海上，至泰山封禅，最后沿海北上至碣石（今河北昌黎），转向西沿北郡经九原（今内蒙古包头西）折回长安。全程一万八千余里，所到之处，赏赐用帛百余万匹，金钱以巨万计。其奢侈程度与秦始皇相比，有过之而无不及。

武帝的宫廷生活更是奢侈糜烂，声色之徒，食色不厌。武帝宫廷生活的基本内容便是声色妃嫔之爱了。武帝纵情恣欲，荒淫享乐，出同辇，入同宿，不能一日无女子，后宫纳美甚富，竟达七八千之众。据《汉武故事》所载，武帝"又起明光宫，发燕、赵美女两千人充之。率取年十五以上，二十以下；满四十者出嫁；掖庭令总其籍。时有死出考补之。凡诸宫美人可有七八千。建章、未央、长乐三宫，皆辇道相属，悬栋飞阁，不由径路。常从行郡国，载之后车。与上同辇者十六人。员数恒使满，皆自然美丽，不假粉白黛黑，侍衣轩者亦如之。上能三日不食，不能一时无妇人。善行导养术，故体常壮悦。其有孕者，拜爵为容华，充侍衣之属"。尽管如此，后宫八千粉黛还是不能填足武帝的欲望，他还常常外出猎艳。《太平广记》载："汉武帝尝微行造主人家。家有婢，国色。帝悦之，仍留宿。夜与主婢卧。"

贡禹曾指出："古者宫室有制，宫女不过九人……至高祖、孝文、孝景皇帝，循古节俭，宫女不过十余……武帝时，又多取妇女至数千人，以填后宫。"武帝看来不光是一位文韬武略的帝王，而且还是一位超级风流的天子。

武帝时的宫廷、妃嫔用器也是极其奢侈浪费。比如：武帝"西域献吉光裘，入水不濡（湿），上时服此裘以听朝。"又"武帝时，身毒国献连环羁（马笼头），皆以白玉做之，马瑙石为勒（有嚼口马络头），白光琉璃为鞍。鞍在暗室中常照十余丈，如昼日。自是，长安始盛饰鞍马，竟加雕镂，或一马之饰直百金"。汉朝的皇帝死后送葬时，都穿用"玉匣"即金缕玉衣送葬。"武帝匣上，皆镂为蛟、龙、鸾、凤、龟、鳞之像，世谓为蛟龙玉匣"。汉武帝用多种宝物装饰的床，名为"七宝床"，杂宝案、杂宝屏风、杂宝帐，设于桂宫，时人谓之四宝宫。

淫侈之风同样也弥漫后宫，李夫人"玉簪搔头。自此后，宫人搔头皆用玉，玉价倍贵焉"。又如武帝姑姑馆陶长公主的男宠韩嫣"好弹，常以金为丸。一日所矢者十余。长安为之语曰：'若饥寒，逐金丸。'京师儿童每闻嫣出弹，辄随逐之，望丸之所落，而竞拾取焉"。

武帝奢靡、淫侈的生活方式，大大加重了人民的负担，激化了整个社会的阶级矛盾。东方朔就曾指责这种风气是"反以靡丽为右，奢侈为务，尽狗马之乐，极耳目之欲，行邪枉之道，径淫辟之路，是乃国家之大贼，人主之大蜮"。

由于皇权得不到任何约束，腐朽的食色嗜欲再加上武帝喜好排场的性格，其种种表现也就可想而知了。

随着岁月的流逝，武帝感到自己日益衰老，于是他开始迷信鬼神之说，"尤敬鬼神之祀"，开始千方百计地寻求长生不老的仙药。

祀神是为了求仙，而求仙是为了乞求自己长生不老。可以说一定的生活方式不但与现实的物质条件相适应，而且是与一定的思想方式相匹配。武帝就是这样一个人，做了皇帝之后想万寿无疆。从某种角度来说，这正是武帝想无限制地维持皇权的表现，维持他这种穷奢极欲的声色犬马生活。随着对神仙的崇拜，他逐渐对方士们渲染的神仙说极为动心。据《汉武故事》，武帝为淮南王刘安好的神仙黄白之术所吸引，征召四方有术之士。《太平广记》卷第九也说"汉武帝招募方士"。从此，秦末以后消极沉寂一时的方士们重新兴起。

元鼎四年（公元前113年），方士栾大来到长安，对武帝说自己常往来于海上，曾经见到过仙人，又说自己还会冶炼黄金，治理黄河决口，并且可以招来神仙，为他求得长生不老药。武帝大喜，信以为真，先后封他为五利将军、天士将军、地士将军、大通将军、乐通侯，赐黄金万斤，最后还把自己的女儿卫长公主嫁给了他，还专门为他刻了一方"天道将军"玉印，以宾客之礼待之，表示他可以和自己平起平坐，不把他当作普通的臣属来看待。

在满足了栾大的一切狂妄要求后，武帝面对这光说不练的栾大起了疑心，他想看看这栾大到底有什么能耐，于是便派他入海寻求仙方，其结果可想而知。元鼎五年（公元前112年），栾大因欺君之罪，腰斩于宫廷之下。可是这时的武帝仍然对求仙执迷不悟，仍是不断地派人到海上去寻找仙人，以求得到长生不老之药。

与声色犬马、祀神求仙相对应的，必然是大兴土木，移造宫馆楼台池苑。否则这么多后宫佳丽该如何安置呢？不大兴祠庙，怎么表示自己对仙人的尊敬与虔诚呢？从另一方面说，大兴土木也是为了满足自己骄奢淫逸的需要。

穷奢极欲的武帝，并不满足于前代给他留下的宫室，他悉改汉初诸帝"循古节俭"之风，开始大兴土木，增广前代宫室，兴造无数宫馆楼台。在未央宫内，增起高门、武台殿，营造日广，栋椽改用香木，梁柱改用文杏，用黄金、和氏璧装饰铺户楹柱窗楷。武帝又在北宫门前增修前殿，珠帘朱户。

建元中起，增广甘泉宫，添置宫馆殿室，加筑通天、高光、迎风、露寒、储胥馆、温室殿、彷徨观，筑甘泉苑、石阙、词宫、竹宫等。据《汉书·扬雄传》所载，又增有"宫外近则洪崖、旁皇、储胥、弩阹，远则石关、封峦、枝鹊、露寒、棠梨、师得，游观屈奇瑰玮，非木摩而不雕，墙涂而不画"。

建元三年（公元前138年）所开上林苑中，陆续兴建犬台、葡萄等离宫七十所、十池，昆明、平乐等二十观，还有涿沐、益寿、延寿诸馆。元狩三年（公元前120年），穿昆明池，周围四十里，池中有豫章台、灵波殿等建筑物。如此等等，无不显示出武帝极尽奢华的一面。

武帝在位期间，广开三边，中外的交往十分密切，商务往来更是频繁。各国的奇珍异宝和豪华奢侈品广入中原，这无疑更加刺激了武帝骄奢淫逸的欲望。这些外国使节、商人也安排在穷极奢华的苑、宫之内，并且赏赐无数。

庞大的开支耗尽了文景以来的所有积蓄，武帝为了增加政府收入，开始推行经济改革，号"民不益赋而天下用饶"，但是，"利不从天来，不从地出，一取之民间"，口上虽说不增加征税，但还是要从民众百姓身上索取，最后各种负担还是由平民百姓来承担。大量农民因为破产而沦为流民，四处迁移。到了元封四年（公元前107年），关东流民竟达200万之多，社会矛盾严重加剧，于天汉年间（公元前100年—前97年）"天下骚动"，社会矛盾终于被激化，穷苦的百姓再也忍受不了这种挨饿的日子了，纷纷揭竿而起，投身到农民起义之中。

星星之火，可以燎原，起义之风，遍及各地。南阳（今河南西南）、楚（今长江中游）、齐（今山东）、燕赵之间（今河北北部）均有人各立名号，攻取城镇，释放罪犯，惩治官吏。"反了，反了！"武帝大喊，他决不能允许任何触犯龙颜的事情出现。

为了维护自己的统治，他立即派出绣衣直指到各地去督促镇压这些起义军。绣衣直指，因身穿绣花衣服而得其名，他们手持节杖、虎符和刀斧，对农民镇压相当残酷，主张宁可错杀一千，也绝不漏放一个。因此，有时千人的起义，竟屠杀万人之多。不仅如此，他们还对那些镇压起义不力的地方官吏强行打杀，被打杀者上至州刺史、郡太守，下至一般小吏，凡是那些办事不力的官员一律就地正法，史称"沉命法"。如此一来，许多官吏都死于非命，一些官吏企图蒙混过关，即使发现起义也不上报，因此，农民起义越来越多。

由俭入奢易，由奢入俭难。欲成大事，必须思考财富的最大效用，不乱用每一分钱。汉武帝的"多欲"基本耗尽了文景之治留下的物质财富，中央财政捉襟见肘，民怨四起，导致了许多政治、经济和社会问题。采取强硬的镇压手段更是错上加错，幸好他晚年有所悔悟，推行了一系列积极的经济政策，行抚民富民政策，这才避免了自毁江山这种悲剧的发生。

第三节　轮台诏

汉武帝一生开疆拓土、伐匈奴、征西域、开发西南夷，使天下虚耗；巡行、求仙、封禅也是所费甚巨；离宫别馆的建造，穷奢极欲的生活，使百姓不堪其苦。

在汉武帝后期，各地农民起义，天汉三年（公元前98年），几乎全国范围内都出现了农民暴动。太子也在一场巫蛊之祸中被逼谋反，兵败自杀。"祸灾并起，外则黔首耗散，内则骨肉相残"，社会矛盾不断激化，这些问题始终得不到解决，再加上李广利西征失利投降匈奴，这给了武帝很大的刺激。

面对时局的动荡，武帝开始反省自己的所作所为，改变了自己的做法。

以前在文治武功的鼎盛时期，他就曾意识到外事征伐多是"劳民"的政策，"劳民"是不得已的。他也曾对大将军卫青说过："汉家庶事草创，加四夷侵陵中国，朕不变更制度，后世无法；不出师征伐，天下不安；为此者不得不劳民。若后世又如朕所为，是袭亡秦之迹也。"可见他还是有理性的一面。

现在，他对自己奢侈淫逸的宫廷生活也有了新的认识。一次，武帝在宣室设宴，宴请窦太主、董偃等人。可是宣室是未央宫前殿正室，是朝廷大臣议论政事的地方，怎能在这里饮酒呢？中郎东方朔劝谏武帝，强烈反对置酒宣室。

武帝笑着说："吾业已设饮，后而自改。"

谁知东方朔仍坚持说："不可。夫宣室者，先帝之正处也，非法度之政不得入。"

武帝默然，阴沉着脸沉默了好久，大家都认为东方朔小命难保了，谁知武帝最后竟接受了东方朔的纳谏，命令移宴北宫。也就是从这时开始，他逐渐疏远董偃。武帝能虚心纳谏，是因为他的深刻悔悟才产生的改变。

还有一件事也证明了武帝的晚年已经改变了他当初那种穷极奢华、多欲的一面。

赵敬肃王彭祖曾娶江都易王非的宠妾淖姬，生男淖子。淖姬兄是宫中一宦者，征和元年（公元前92年），彭祖死后，武帝为了选赵嗣君，曾经召问淖姬兄："淖子何如？"宦者答："为人多欲。"武帝想了想，摇摇头说道："不好，多欲不宜君国子民。"转而又问武始侯昌，淖姬兄答："无咎无誉。"这回武帝首肯说："如是可矣。"于是，派使者立昌为赵王。看来，此时的武帝在思想上已经倾向汉初"清心寡欲"的黄老"无为"政治，开始对自己曾施行的"多欲"政治报以批评及其否定的态度了。

经过反省，武帝终于认识到"多欲"政治、"劳民"政策的危害，而仅用恤贫治水等措施来救偏补漏是不够的，现在必须改弦更张，转变政策、改革政治才是真正的出路。

汉武帝接到搜粟都尉桑弘羊和丞相、御史大夫等人的奏议，说轮台以东有良田五千顷，可在西域轮台置校尉，通利渠，兴屯田，筑列亭，设置屯田守兵，威服西域，辅助乌孙。

如果正值盛年的汉武帝看到这个建议，一定又会兴高采烈，跃跃欲试。但是，渐趋老境的汉武帝跟从前大不一样了……武帝否决了桑弘羊等的建议。征和四年（公元前89年）六月，武帝下追悔前非的诏书，史称"轮台诏"。

这一次，他下诏深陈既往之悔，向天下百姓谢罪自责，首先检讨征和年间西征的失误，他说："此前有人建议增加人头税，奏请增加民赋每口三十钱，以补充入不敷出的军费开支，这无疑会加重老弱孤残的困苦。而今，尔等又建议派军卒在轮台屯田。用兵车师，这虽然可以取得胜利，但是，路远乏食，死于途中的士兵尚且有数千人，更何况轮台西距车师还有千余里！"

确实如此，轮台在车师西面一千多里，征和三年（公元前90年），开陵侯成娩就曾准备进攻。武帝预先收回车师，危须、尉犁、楼兰等西域六国的子弟，先是用马、牛、羊及粮食犒迎汉军，由王统率千军万马准备一起围歼车师。谁料各国之兵皆疲惫不堪，根本赶不上汉军的前进速度，无法继续犒劳汉军。汉军军士中还自带了一些干粮，但是毕竟粮少人多，班师还未到来，粮食就已吃光耗尽了。那些身强体壮的士兵们就开始吃自己的坐骑，而那些体弱多病的人便饿死在路上，数目达数千人之多。武帝调发酒泉的驴、骆驼及粮队准备从玉门关出发接应，短短的路程，就已经有很多人滞留掉队了，道路的艰难程度可想而知，更何况轮台还在车师的更西面呢！

武帝接着说："从前，我太糊涂了，相信了占卜、方士、太史、治星、望气所说的匈奴必破，朕即派李广利进击匈奴，实际结果与占卜等所说的完全相反，李广利大败，士兵非死即虏，四下逃散，每念及此，悲痛常在朕心。现在你们又建议远戍轮台，在深险之地开辟通道，这个做法劳扰天下，不能给百姓恩惠，我不想再听到这样的话。当务之急要做的是禁止苛暴、禁止擅自征赋，致力于发展农业。鼓励百姓多养马匹以补所缺，毋乏武备。郡国二千石各上进畜马方略补边状,与上计者同来赴对。这才是我们要干的正事。"这个诏令就是有名的《轮台罪己诏》。

在《轮台罪己诏》中武帝否定了派遣刺客搞暗杀活动的政策——大鸿胪等建议,招募囚徒收为刺客,派往匈奴,并用封侯厚赐要他们刺杀单于。这种龌龊之事,武帝根本不会答应。他说:"五霸尚且耻而不为,何况我大汉朝!匈奴对投降的汉人,都严格搜查审问。而今汉的边塞不严,军风不正,听任亡命者逃出关去,长吏又多遣使兵卒猎兽牟利,使烽火缺乏,兵卒不堪辛苦而逃亡。就这些情况,朕还是从俘虏那儿得知的,你们怎么不说说这些?"

在《轮台罪己诏》中,武帝出于对"扰劳天下,非所以忧民"的认识,否定了远田轮台的请求,并把扩张政策改为整顿边风、养马备武,"禁苛暴,止擅赋"。同时提出从今以后,不要再"军旅连出""征发烦数"了。

汉武帝的政治生涯以"天人三问"的求贤诏开始,又以"轮台罪己诏"结束,前者少年俊朗,英姿勃发,后者英雄暮年,沉稳持重,以如此真切的自责和痛悔,历史上能有几人。

《轮台罪己诏》颁布后,武帝于征和四年(公元前89年)六月下诏曰:"当今务在禁苛暴、止擅赋、力本农。"又"封丞相为富民侯而劝耕农,以明休息,思富养民也。"可见武帝所主张的"力本农"的目的是为"富民",封丞相田千秋为"富民侯"就清楚地说明了这一点。把消极性的"禁苛暴,止擅赋",发展为积极性的"以明休息,思富养民"的"富民"政策。

田千秋,为人忠厚,且不迂腐,在执行武帝晚年的"富民"政策中起到了关键作用。由于他目睹了武帝晚年的连年治狱,诛罚众多,不管是宫中的大臣,还是普通的黎民百姓都人心惶惶,心怀不安。经过深思熟虑后，他在执政行事中，皆以身作则，认真称职，这样一来，既安慰了晚年的武帝，又宽舒了天下百姓。

田千秋提出："乃与御史、中二千石共上寿颂德美，劝上施恩惠，缓刑罚，玩听音乐，养志和神，为天下自虞乐。"然而，这回武帝真的是痛悔前非了，检讨起自己曾经"巫蛊之祸流及士大夫"，他谢绝了寿颂、音乐娱乐等劳民伤财之谏。

"富民"政策的重点内容，就是把国家的主要力量集中到农业生产上来。武帝任命田千秋为丞相的同时，就曾下诏："方今之务，在于力农。"

汉武帝改革亩制，统一实行大亩制，税率实行减免政策。商鞅开阡陌，二百四十步为一亩，这称为大亩，秦国实行大亩制，并称之为西田。其他六国均以百步为一亩，称为小亩，即东田。

汉朝初期，洛水以东的地区仍是实行东田制。现在，武帝悉改东田为西田，统一施行大亩制。不仅如此，而且他还保持了从前三十税一的税率。这样一来，就等于由三十税一改为百一而税，大大减轻了农民的沉重负担。

实行"富民"政策所取得的最大成就是变革农业，推行代田法和新田器。武帝任命赵过为搜粟都尉。赵过创代田法，又创制新田器。赵过以前的耕作法是用耒耜发土后，漫地撒播谷种，田不分行列，称为缦田。缦田有四种植法，地力用尽，必须休田一年、两年、三年不等，或杂种黍稷麻麦豆，调剂地力。

据《汉书·食货志》所载，由赵过为搜粟都尉推行的代田法是总结前人生产经验而形成的一种先进的耕作方法。

代田法是把轮流休耕制与年年耕作制相结合。中国西周、春秋时存在着休耕制，战国时出现了年年耕作制。代田法耕种时是"一亩三沟，岁代处，故曰代田"。也就是说，把一亩的地方分为三条沟和三条垄，沟深一尺、宽一尺，垄也宽一尺，种子种在沟中。第二年耕种时，改沟为垄，改垄为沟，种子又种在沟中。这就是易地耕种，也就是轮换休耕制。由此可以看出，在一亩地的三条沟、三条垄间，年年在轮换休耕，而从整个这一亩地看却年年都在耕作。这样就把轮流休耕制与年年耕作制结合起来。

不仅如此，代田法还把除草与抗旱保墒、防风抗倒伏结合起来，即等禾苗大后，一边除草一边把垄上的土填在沟中，使禾苗根扎得更深。

新田器耦犁和耧车的出现，也使得农业劳动生产率得到了显著的提高。

耧车，一种方便灵巧的播种工具，它比手工撒种简便、快捷得多。有时一个人一头牛，一天便可播种一顷。而耦犁为二犁并耕，二头牛并肩而行共拉二犁，后面有两个人各扶一犁，前面还有一人牵引二牛，这种耕地工具可以更加有效地提高耕地的播种效率。对于那些没有牛的农民们，赵过教他们做人力犁来垦辟土地，又教民相互雇佣拉犁耕种。人力多的一天能耕三十亩，人力少的也能耕十三亩，个别地区收到了"田多垦辟"的效果。

代田法及新田器的使用，给汉代农业带来了一场变革。不仅提高了劳动生产率，而且大大提高了亩产量。据《汉书·食货志》所载"一岁之收常过缦田一斛以上，善者倍之。"二牛三人，每年可耕田五顷，每亩岁收要比缦田多一斛，还有多得二斛以上者，可见其效果之明显。

代田法，沟垄交替轮耕，实际上一年只是耕二分之一的田地。理论上是耕十顷田，而实际上则是耕地五顷，即五百亩，计耕每人一百八十余亩，大大超过了前朝的耕作效率。这在中国农业史上是一个质的飞跃。

武帝大力提倡新耕作法和新田器耕种，据《汉书·食货志》载，赵过在推行新法时，"大司农置工巧奴与从事，为作田器"。武帝让官府冶铁业为推广代田法制造农具，令大司农选能工巧匠制造新田器，供赵过推广使用。

搜粟都尉是军职，赵过在太常主管的诸陵和三辅离官地区的公田作为试验田，率守离官、陵卒及农民在这里试验新法耕种。由于国家公田的土壤肥沃，水利充足，生产条件十分优越，因此，在这里的试验非常成功，每亩岁收比民田多一斛以上。于是，武帝派遣全国的郡守令其所属县令长、三老、力田以及乡里老农，到试验田里去学习新的耕种方法及新田器的使用，无牛的农民则授受人力犁法。随着新耕种方法的推广，三辅的有爵农民、边郡戍卒，皆逐渐实行代田法，使用新田器，来代替贫旧落后的生产工具和生产方法。随后，这种耕作法及新田器的使用，在边城、河东、弘农、三辅等地也得到普遍推广。

武帝晚年的"富民"政策取得了成功，"田多垦辟""用力小而得多"。生产力得到发展了，人民生活水平也相应提高了。大受其益的还是朝廷，"员亦被其利""至昭帝时，流民稍还，田野益辟，颇有蓄积。宣帝即位，用吏多选贤良，百姓安土，岁数丰穰"。可见，这一时期的社会问题已经相对得以解决，阶级矛盾也已适当地化解了。这说明由于武帝改弦更张，晚年实行"富民"政策，为以后的昭宣"中兴"打好了基础。

"人非圣贤，孰能无过？过而能改，善莫大焉"。犯错误是很正常的事，关键是知错能改。汉武帝年轻时的多欲给百姓带来了灾难，给国家带来了混乱。他认识到"多欲"政治、"劳民"政策的危害后，下追悔前非的诏书，恤贫治水，改行"富民"政策，使人们重新走向安定富足，为大汉江山长盛不衰做出了巨大的贡献。

第七章 顾托得人

第一节　巫蛊之祸

汉武帝穷奢极欲，后宫嫔妃成千上万。这些嫔妃们为了能争得武帝的宠幸，互相排挤倾轧，明里暗里齐较劲。

武帝的原配夫人陈皇后仗着自己的母亲长公主嫖的权势，又骄又妒，擅房之宠，使武帝的私生活受到干涉而不能纵情声色，逐渐失去了武帝的宠爱。武帝开始宠幸卫子夫，陈皇后怎能容忍武帝喜新厌旧，愠怒之下多次寻死觅活。皇后这样不仅没有博取武帝的怜爱，反而使得自己更加失宠。

不甘冷落的陈皇后采用巫蛊术，企图重新争得武帝的宠爱。争宠和巫术相结合，可以说是武帝时期宫闱之争的一种独具特色的表现。由于武帝祀神求仙，使天下迷信祠巫之风大起，在京城、后宫之内，祠巫之风极为盛行。

巫蛊术在后宫的表现方式就是巫蛊行妇人媚道。聚集京师的方士神巫们常常出入于宫中，教唆那些相互妒忌的妃嫔们制作木偶，埋于地下，以蛊害情敌，争取宠幸。当时这种妇人蛊惑的媚道之风是为汉朝立法所禁止的，在陈皇后的阴谋败露后，武帝命御史张汤治案，斩杀女巫楚服等三百余人，陈皇后也被废长门宫。

后妃争宠，其实就是要巩固和维持自己在宫廷中的地位。她们知道自己会年老色衰，对于喜新厌旧的武帝来说，她们早晚会失宠。她们必须为自己留一条后路，一条可以保证永不失宠的后路，即让自己的儿子当天子。想当初武帝不就是靠着姑母和生母争得皇位的吗？而陈皇后之所以被废，还有一个主要原因就是她没有生儿子。

当陈皇后被废后，她的母亲长公主嫖多次去责问武帝的妹妹平阳公主，平阳公主最后终于实话实说。当陈皇后知道自己被废的真正原因后，也曾求医问药，经过多次努力，仍不能生子，她也就不再有复位的可能了。

卫子夫却与她不同，卫子夫才色双全，还给武帝生有一个孩子，这个孩子就是太子据。元狩元年（公元前122年）四月，刘据7岁时，被立为皇太子，史称戾太子。武帝对太子据恩宠有加，为他开博望苑，得交通宾客。武帝每次出巡，都要把大事嘱托给太子据，后宫的事交付给卫后来打理。正应验了那句话："母以子荣，子以母贵。"卫子夫又有外戚集团大将军卫青、骠骑将军霍去病为羽翼，在后宫的主导地位长达三十八年之久。可是毕竟岁月不饶人，随着卫后色衰失宠，太子据也失去了父皇往日对他的恩宠。加上武帝后来宠爱的王夫人、李姬、李夫人都相继生了儿子，卫皇后和太子渐渐地不受恩宠，经常惶恐不安。

武帝察觉到她们母子的不安，于是对卫子夫的弟弟大将军卫青说："汉家事业处于草创阶段，百废待兴，朕不变更制度，后世不便效法；再加上四夷侵凌中国，不出师征伐，天下便不得安宁，因此，不得不劳扰天下百姓。如果后世又如朕之所为，就会重蹈亡秦覆辙，太子敦重沉静，肯定能使天下安定，不让我担忧。要找守成的君主，哪里还有比太子更贤良的人选？听说皇后和太子内心不安，你可以让他们明白我的意思。"

武帝用法严苛，他任用的多是张汤、杜周等酷吏，太子宽厚，经常从轻处理一些事情，这样虽然很得人心，却惹得那班酷吏大臣不高兴。皇后只恐时间长了，太子得罪父王和大臣，就劝诫太子，应该留心父皇的意见，不要擅自取舍。武帝听到后，称赞不已。

太子据性格老成持重，仁恕温谨，他的思想方式和统治方式均与武帝不同。比如：武帝好大喜功，而太子据敦重好静，武帝每次征伐四夷，太子据总是谏阻反对；武帝用法严峻，好用酷吏，而太子据为政宽厚，多所平反。

日久天长，在这朝廷之中就逐渐形成了两个政治集团，即帝党和太子党。太子深得民心，招来许多宽厚的大臣亲附，由此形成太子党。帝党一般都是由残酷的大臣组成。帝党不断诋毁太子据，自从大将军卫青死后，他们更是为非作歹，常想谋害太子。

有一次，武帝身体偶感不适，于是就叫一名侍从去请太子。这名侍从回来后，说太子听到武帝有病，面带喜色。武帝听后，没有说话。等到太子进来后，武帝察言观色，看见太子脸上有哭过的痕迹，却在自己面前强颜欢笑。他拉住儿子，跟儿子说长道短，了解了儿子对自己的一片真情和孝心后，他当即杀了那名侍从。

在元狩六年（公元前117年）、元封五年（公元前106年）霍去病、卫青二人相继去世之后，失去了羽翼的卫后和太子更是小心谨慎行事，这才没招致武帝的反感，得以勉强维持太子的地位。

武帝晚年宠幸河间赵婕妤。赵婕妤号拳夫人，后居钩弋宫，号钩弋夫人，传说怀孕十四月，在太始三年（公元前94年）生皇子弗陵。武帝视之为神灵，这和尧母怀胎十四月而生一样，看来天命在弗陵，于是便改弋门为尧母门。宠臣水衡都尉江充看出了武帝想要立弗陵为嗣君的用意，一场阴谋正向武帝的后宫袭来。

江充字次倩，赵国邯郸人，本名齐，因妹妹嫁给了赵国太子丹，靠着裙带关系发了迹。后来与太子丹反目成仇，逃到长安。又因告发太子丹有功，受到武帝奖赏，拜为直指绣衣使者，督捕三辅盗贼，检察贵戚近臣。

太始三年（公元前94年），太子家使乘车行驶在驰道之中，正好撞上奉命检查的江充。江充说道："驰道乃是天子一人所用，不管你家主人是太子还是孙子。"江充就这样依法拘押下了太子的家使，并没收了车马。太子求情，江充不允，太子报到了武帝那里，从此江充与太子据结下了仇怨。

征和元年（公元前92年）十一月，丞相公孙贺之子公孙敬声因私用北军军饷被捕下狱。公孙贺捕获了京师大侠阳陵朱安世，想以此为儿子赎罪。谁知朱安世在狱中上书，揭发公孙敬声与武帝女阳石公主有染，并且还指出二人曾使人在通甘泉的驰道中埋下偶人，诅咒天子。本来晚年的武帝就年老体弱，总是疑心有人加害于他，恰巧这一年，又有一带剑男子闯入建章宫，武帝为此曾在上林、长安城地区大加搜索。如今听说有人对他使用巫蛊之术，于是未加详察，便委用江充穷治案犯，杀害公孙贺父子。被牵连遭诛的人还有卫皇后所生女阳石、诸邑公主，卫青儿子长平侯伉等人，这就是史上有名的巫蛊之祸。它是武帝的皇权专制统治与声色犬马的宫廷生活相互作用的后果，不过这只是这场风暴的一个短小序幕而已，一场政治变革的大戏即将开始。

由于太子据与江充结下仇怨，再加上朝野上下党派之争甚重，江充担心太子据掌权后会对自己不利，于是便设下一个阴谋来陷害太子据。

江充受巫蛊之祸所启发，觉得这正是加害太子据的一个大好时机，于是他先是报告武帝，说宫中有蛊气，皇上有病就是因为它在作祟。征和二年（公元前91年）七月，武帝命江充及按道侯韩说、黄门苏文等治案，果然查出了那些在后宫惑行媚道的木偶，并把它作为诅咒天子的罪证上报武帝。武帝大怒，诛杀后宫及大臣数百余人。这时江充准备来个嫁祸于人，他指使胡巫在宫中预先埋入偶人，并制造巫蛊的痕迹，装模作样地带人到处搜查，四处挖掘。他先从失宠的嫔妃宫中开始，在卫后宫中搜查，最后在太子据宫中掘出了这预先埋置的偶人，准备上报天子，治罪太子。

武帝当时病在甘泉，派江充治巫蛊。可是江充嫁祸于人之后，又将消息封锁，使得皇后和太子据多次去甘泉请安，武帝都拒不召见，这令太子集团惊恐不安。太子少傅石德对太子说："当朝丞相父子、两公主和卫氏都因犯巫蛊之罪被斩杀，如今太子的宫中也挖出了木偶，不知究竟是何人所放？看来应矫制逮捕江充等人，从而查清他们的阴谋。再说当今圣上生死未详，奸臣横行天下，太子千万不要忘记当初秦朝扶苏被废的教训啊！"太子据不从，认为不能随便擅诛，他要亲自去甘泉见父皇。可是江充等人一再阻挠，太子被逼急，于七月间斩杀韩说，开始捉捕江充，并报告卫后，发长乐宫卫卒等，同时通告文武百官说江充谋反，要求斩杀江充，烧杀胡巫。

武帝闻讯大怒，命令丞相刘屈氂紧闭城门，率兵捕斩造反之兵。当初太子告令百官说："皇帝在甘泉病困，奸臣欲作乱。"如今武帝亲自从甘泉到建章宫，诏发三辅附近县兵，并增拨丞相指挥。

太子遣使者矫制赦长安中都官囚徒，在长乐宫西阙下与丞相军大战五天五夜，伤死之人竟达数万，血流成河。当时长安城内一片混乱，百姓一听到太子谋反，也纷纷加入了战斗，帮助丞相共同对付太子。太子军毕竟在人数上不敌对方，最后无奈之下兵败南奔。逃到南城门下，被司直田仁私放，侥幸出城。

丞相刘屈氂得知田仁私放了太子，要斩杀他，受到御史大夫暴胜之的阻止。后来暴胜之因此事受到武帝的怒责，他一气之下，拔剑自杀。卫后也因此被诏收玺绶，后来也自杀身亡。田仁也被腰斩于城门之下，同时斩杀那些太子门下的宾客及常常出入于太子宫中的使者，随从兵变者皆受斩杀，胁从兵变者统统发配敦煌。从此，"卫氏悉灭"，武帝终于清除了卫氏外戚集团。

其实，要论这场巫蛊大祸的真正主使者还应是武帝本人，如果不是主观因素起了主导作用，即使有再多的客观因素也是徒劳的。正是因为有武帝的支持，加上江充等人的推波助澜，巫蛊之风才能遍及朝廷内外。大史学家司马光曾经指出："钩弋夫人之子，十四月而生，孝武以为神灵，命其门曰尧母。当是时，太子犹在东宫，则武帝属意固已异矣。是以奸臣逆窥上意，以倾覆家嗣，卒成巫蛊之祸。"最终，"天下咸被其殃"。汉廷之中的许多大臣都因此受到牵连，而遭斩杀，并殃及百姓。"民转相诬以巫蛊，吏辄劾以为大逆不道；自京师、三辅连及郡、国，坐而死者前后数万人"。

丞相刘屈氂、中山靖王因护驾有功，于征和二年（公元前91年）以涿郡太守擢迁为左丞相。刘屈氂与李夫人兄李广利是儿女亲家，属于李氏外戚集团成员。在太子据败走后，刘屈氂企图拥立李夫人之子昌邑王为太子。李广利西征之际，刘屈氂送他至渭桥。李广利心事重重地对刘屈氂说："愿君侯早请昌邑王为太子，如立为帝，君侯长何忧乎！"可见李刘二人已对废储立君之事蓄谋已久。可是后来，刘屈氂因武帝治巫蛊狱急，被人告发了，他因与李广利共祷祠想立昌邑王为帝及丞相夫人诅咒天子一事，终于也被武帝斩杀了。即使这样，蛊之祸仍然是连岁不决，直到后元二年（公元前87年）二月，余波还是未息。

太子据逃出长安城后，武帝的怒气未平，一直派人追杀，并调兵驻守长安各城门防备太子反攻。这时，上党郡壶关（今山西黎城东北太行山口）三老令狐茂赴建章阙下上书，说："父好比天，母好比地，子好比万物。天平地安，阴阳和调，就万物茂盛；阴阳不和，就万物夭伤。江充只不过是一个出身低微的贱臣，却得到陛下的重用，他用天子的命令弄虚作假，制造阴谋，陷害太子。太子是因为被逼得走投无路，才杀了江充逃走。子盗父兵，不过是为了自救，并非出于邪心。请陛下速罢甲兵，不要叫太子长久流亡在外！"

这时，武帝才开始有所醒悟。可是不久，太子据在湖县（今河南灵宝市西）自杀的消息传来，这对于如梦初醒的武帝来说无疑是一个沉重的打击。紧接着是皇孙二人遇害，只有太子之孙得以幸免，更让这位迟暮老人伤感悲痛。

征和三年（公元前90年）九月，许多吏民的巫蛊案已经查明，它们多为冤假错案，武帝由此肯定太子据死得确实冤枉。高庙令田千秋此时也为太子据喊冤叫屈，他说："子弄父兵，罪当可赦；天子之子，过误杀人，何罪哉！"

汉武帝终于悔悟，他恨自己犯下不可饶恕的错误，更恨江充这等小人的阴险狡诈，于是族灭江充，尽诛曾经围攻和迫害太子的人。

焚烧苏文，武帝怜惜太子无辜而死，建造了一座思子宫，又在太子死的地方修筑了思子台，希望能召回太子的亡灵。这消息一传开，天下与武帝同悲共泣。

太子的冤案，促使武帝进一步反省，开始意识到"劳民"的政策、"多欲"的政治都是皇权专制的弊端，现在唯有息民养农，与民休息才是重中之重，于是就有了后面的"轮台诏""富民侯"等政策的出台。

征和四年（公元前89年）三月，晚年的武帝在经过钜定（今山东广饶东北）的时候，亲自下田耕地，祠高祖于明堂，并向群臣公开检讨自己的过失："朕即位以来，所为狂悖，使天下愁苦，不可追悔。

自令事有伤害百姓，靡费天下者，悉罢之！"身旁大鸿胪田千秋进而建议道："方士言神仙者甚众，臣请皆罢斥遣之！"大彻大悟的武帝欣然接受了他的建议，毅然全数罢退了候神寻仙的方士。此后，武帝还经常对众臣追悔道："过去愚惑，为方士所欺。天下岂有仙人，尽妖妄耳！节食服药，不过只是减少疾病而已。"

人不犯错误是根本不可能的事，但是千万不要犯致命的错误。汉武帝迷信巫蛊之术，就使天下迷信祠巫之风大起。老成持重、仁恕温谨的太子据与其说是死在江充的阴谋上，不如说是死在汉武帝对巫蛊之术的迷信上，这就是汉武帝迷信巫蛊埋下的祸根。

第二节　立子杀母

武帝晚年思过，常处于忏悔之中。他自责曾经"不德"，并说由于"朕不德"，所以才有巫蛊之祸，伤害了士大夫，痛悔在心。惭愧之极的武帝渐渐食欲不振，宫女为他奏的音乐也不听了，也不再追求什么长寿了，面对田千秋等大臣们上奏的"寿颂德歌美"也断然拒绝了。由于长期的心情低落，此时的武帝已经是疾病缠身。

对于一个最高统治者来说，当务之急，就是选一个放心可靠的继承人，使国家社稷繁荣昌盛，使黎民百姓安宁康乐，使自己的事业继续发扬光大。而后者对于汉武帝来说尤为重要。

武帝生有六子：卫皇后生太子据；王夫人生子齐怀王闳，元狩六年（公元前119年）立，早亡；李姬生燕剌王旦、广陵厉王胥，与齐怀王同日立；李夫人生昌邑哀王髆，天汉四年（公元前97年）立；赵婕妤即钩弋夫人生幼子汉昭帝弗陵。

太子据死后，仍有很多人盯着太子的宝座。由于储君出缺，所以在第二次选立太子的过程中，斗争就显得更为激烈了。汉武帝的二儿子燕王刘旦自以为按照排行顺序，太子之位非他莫属。

燕王博学经书杂说，爱星历数术倡优射猎，好招致游士，活动能力强，基本上是与武帝同类型的人物，后元元年（公元前88年）秋，他主动上书请求到宫中宿卫。汉武帝大为光火，杀了上书的使者，从此，刘旦失宠，太子之位与他失之交臂。燕王聪明博学，口齿伶俐，而他的弟弟广陵王勇猛有力，好倡乐逸游，行动不守法度，过失很多，武帝也看不中。由于哥俩都言行不轨，屡屡犯错，因此，汉武帝并不想立他们为太子。

同时，汉武帝也没有看中昌邑王髆，后来由于昌邑王髆体弱多病，后元元年（公元前88年）便命归西天了谥曰昌邑哀王。现在，剩下的储君人选只有皇子刘弗陵一人了。

当时，钩弋夫人的儿子刘弗陵只有几岁，是汉武帝最小的儿子，但身材却壮实高大，非常聪明，汉武帝很是喜爱，想立他为太子，但因为他年龄小，母亲年轻，犹豫再三，迟迟不能下定决心。

按照司马光的要求，君主的一言一行为万姓所瞩目，不仅要言为仪表，行为示范，更重要的是不能让臣下看清你内心的真正想法，司马光批评汉武帝，正是因为他命名的"尧母门"，露出了心有所偏，让阴险之人看出了他改易太子的心理，引发了太子自杀的惨案。

武帝决定立刘弗陵为太子后，又恐孙母壮，担心重蹈吕后专政覆辙。思来想去，武帝决定自己亲自解决这个隐患。他寻找事端谴责钩弋夫人，钩弋夫人摘下鬓钗耳饰，跪在地上，叩头求饶，汉武帝大声喝道："拉出去，送到监狱里。"钩弋夫人频频回首求告，武帝都毫不动情："快点走，你活不了了。"

最后，钩弋夫人被赐死狱中。

不久，武帝在闲谈中，问左右人道："对这件事，外面是如何议论的？"

回答说："人们说，要立儿子为太子，为什么要先除掉他母亲呢？"

汉武帝笑道："这就不是你们这些愚笨的人所能想到的了。自古国家所以混乱，都是由于皇帝幼小，母亲年轻所致。独居的女主骄横淫乱，恣意妄为，没有人能管得了，你们没有听说过吕后吗？所以，我不得不先杀了钩弋夫人。"

汉武帝以吕后为戒，为避免女主擅政，危害社稷，在主少母壮的情况下，立子杀母，他的这种做法为北魏的孝文帝所效法。

特殊的情景，非常的时刻，往往能体现出人性深层和本质的一些东西。最亲的，往往也是最恨的，最近的往往也是最远的。立子杀母固然体现了汉武帝的残酷无情，但同时也透露着封建政治生活的重要信息。

两个家庭争权夺利的斗争是君主专制"家天下"的必然结果。皇室与外戚靠婚姻关系联系在一起，表面上彼此是姻亲，实际上却是最大的潜在敌人，外戚虽然不能直接掌握政权，但他们却可以通过控制将来的皇帝——太子而间接地施加影响，所以，皇帝妃嫔之间的钩心斗角，宗室与外戚的觊觎防范，都体现了太子的重要性，由此，也可以看出汉武帝立子杀母的良苦用心。

汉武帝立弗陵为太子，却杀了他的母亲钩弋夫人。自己心爱的人也不放过，不免有心狠手辣之嫌，但为了江山社稷，为了天下苍生，与留下祸患比起来，这是不值一提的。

第三节　霍光辅政

如果说穷奢极欲、穷兵黩武使汉武帝多受非议，那么，他对身后之事的妥善安排却给他的政治生涯完满地画上了一个句号。

汉武帝精通历史，且善于运用历史，从他诏谕霍光辅佐刘弗陵也可以看出来。

武帝早就想立弗陵为太子，顾虑弗陵还是孩童，钩弋夫人又年轻，一直犹豫，没有正式册立。经过深思熟虑，武帝想出良计，部署预立弗陵，物色大臣辅助。

当时，朝廷中大臣有丞相田千秋，侍中光禄大夫霍光，搜粟都尉桑弘羊，侍中驸马都尉金日䃅，御史大夫商丘成，大鸿胪田广明，太仆上官桀等。武帝认真考察了群臣，认为只有霍光忠厚老实，可以效忠君主，承担起辅保社稷的大业。

于是，武帝命黄门画了一幅周公背着周成王朝见诸侯的画像赐给霍光。从此，左右群臣都知晓武帝要立少子弗陵为太子。

霍光与霍去病是同父异母的兄弟，他们的父亲霍仲孺曾经做过平阳县吏，与平阳侯的侍者、卫青的姐姐卫少儿私通，生下霍去病。后来，霍仲孺归家为民，娶妇生子，名叫霍光。由于霍去病的关系，霍光官运亨通，由为武帝出入掌管车马的奉车都尉高升至光禄大夫。

后元二年（公元前87年）春天，汉武帝病重。霍光、金日䃅等人前往探视。霍光哭着问道："万一圣上仙逝，谁来继承皇位？"

汉武帝说："你难道不明白那幅画的意思吗？立少子为帝，你像周公一样辅佐幼主。"

霍光马上叩头辞让："我不如金日䃅。"

金日䃅也连忙跪倒："我，不如霍光，而且会让匈奴轻视汉家，以为朝中无人。"

尽管他们推辞再三，汉武帝还是诏立刘弗陵为太子，拜霍光为大司马大将军，金日䃅为车骑将军，他们几个人一起跪倒在汉武帝的病榻前。临危受命这一年，刘弗陵年仅8岁。第三天，汉武帝放心地闭上了眼睛，一代雄主在五柞宫溘然病逝，移殡未央宫前殿，终年70岁，在自己政治生涯的终点又谱写了一曲华彩的乐章。

第四天戊辰日，霍光等托孤大臣辅保太子即皇帝位，是为昭帝。

霍光性格沉静，出入宫辇二十余年，汉武帝出则随，入则侍，未尝有半点差错，他随驾侍奉，在殿门前出入进退，都有固定的位置，有人偷偷地观察，发现他一尺一寸都不差。

对于金日䃅，汉武帝则又一次表现出他热情与好奇的特点。金日䃅原是一名匈奴俘虏，他是休屠王的太子，父亲为浑邪王所杀，他与母亲、弟弟充为官奴，在宫中养马。

有一次，武帝宴游，检阅马队，两边站满了后宫佳丽，流盼生辉。金日䃅同其他几十个人一道牵马过来，别人都忍不住地偷看宫女，只有金日䃅一个人目不斜视。他身材魁梧，高达八尺二寸，容貌严整，而他养的马膘肥体壮，汉武帝的目光一下子就被吸引住了，大步走下殿堂询问金日䃅，金日䃅把自己的遭遇原原本本地讲了一遍。汉武帝当即选任他为侍卫，并且因为他父亲休屠王曾有祭天金人，所以赐姓为"金"。别人看到武帝喜欢金日䃅，暗中议论："一个胡人小子，他还那么看重。"武帝听到这话后，对金日䃅更加重用了。

汉武帝本人不循规蹈矩，但他临终托命的人选多是忠厚长者，很难理解恃情逞性的汉武帝为何喜欢温实敦厚、言端行正的正人君子，这也许是性格互补吧。由此也可以看出汉武帝的政治智慧，以后的事实也证明了汉武帝知人善任。

武帝死后十三年，昭帝也短命而逝，早崩无嗣。武帝的儿子只剩下了广陵王刘胥。刘胥本来因为言行无度，武帝早已弃而不用，这时却有墨守成规的大臣认为按照排行次序刘胥当立，霍光心里不太满意，当天，承昭帝皇后诏，迎接李夫人之孙昌邑王刘贺进宫。昌邑王刘贺是昌邑哀王髆的儿子，在封国内狂纵放荡，武帝逝世，他居丧之时，仍然四处游猎，立为天子之后，则更加骄横，荒淫无度，大臣们看在眼里，急在心上，一时间朝廷上下阴云密布。

情急之中，霍光向田延年询问对策。

田延年说："将军是国家的擎天大柱，看到昌邑王难承大任，为什么不另择贤人？"

霍光不安地问道："这样做，历史上有没有先例？"

田延年奋然而答："伊尹做商朝宰相的时候，流放了昏庸的太甲，后人世世代代称赞他的忠良。现在将军如果能这样做，也是汉家的伊尹。"

霍光计策已定，就派田延年禀报丞相杨敞，杨敞听后，惊慌失措，说不出话来。

这一天，霍光召集丞相、御史、将军、列侯、大夫、博士集议未央宫。

霍光脸色阴沉道："昌邑王昏暗悖乱，恐怕只会危害社稷，怎么办？"

群臣闻听此言，话中有话，以臣废君在他们看来是想也不敢想的事情。只见一个个大惊失色，目瞪口呆，只是一个劲地点头称是。

这时田延年箭步飞上前去，手持利剑，大声说道："先帝把少帝托付给将军，把天下寄予将军，是因为将军忠正贤良，能使刘氏宗庙安然无恙。当今天下鼎沸，社稷将倾。汉家君主所以世代以'孝'为谥，就是想长有天下。如果汉家丢失江山，将军有何面目见先帝于地下？今日之议，不容犹豫。群臣有后起响应的，臣请以剑斩之！"

霍光趁势致歉："你们要责备就责备霍光好了。现今天下人心惶惶，我理应负责。"

这种程序化的话，并不是出自内心的自责，而是要大臣们作出明确的答复。大臣们很明白这一点，于是，大臣们叩头齐呼："万姓之命，寄予将军一人之身，唯将军之命是从！"

霍光定策，田延年按剑，一文一武，一唱一和，废昌邑王为庶人，另立故太子刘据尚在民间的孙子刘询为帝，这就是历史上有名的汉宣帝。这一年，宣帝18岁。

按照历史记载，霍光是一个力挽狂澜的忠臣，可是徐朔方的《史汉论稿》却认定他是一个阴谋篡权的野心家，徐朔方认为，霍光、金日䃅、上官桀的"三人封侯是一场拙劣的演出，他们选中一个小孩子做皇帝，为的是把他玩弄于股掌之上。即使上面的推论不完全正确，事实上也无异是一次政变。只是政变以后，霍光一家执政二十一年之久，把历史档案都颠倒篡改了，造成假象。《汉书》作者不是有意替他掩盖，而是不知不觉中被伪造的史料所蒙蔽……霍光一伙人所捏造出来的周公辅成王的神话，不过是霍光篡政的一块遮羞布罢了"。徐朔方还说："昭帝死后，没有儿子，霍光又废长立少，以便操持。先立了刘贺，后来又借故废黜，另立避居在民间的故太子刘据的孙子刘询。霍光把他的外孙女、上官桀的孙女立为昭帝皇后。宣帝刘询在位时，霍光又毒死许皇后，硬把自己的女儿立为皇后。这一切都是为了独揽大权。霍光是西汉把持时政为时最早、历时最久的一个外戚野心家，却被乔装成为所谓周公那样的社稷之臣。"

徐氏的观点，不同一般，但不足以定论，他所采用的意证法本身就有很大的漏洞。只可惜历史不能重演，告诉我们当时的真实情况。

考察了霍光的政绩，我们可以认为汉武帝付托得人。昭帝在位13年，大权掌握在霍光手中，宣帝初期，霍光仍然主持朝政。霍光"知时务之要"，继续实行武帝晚年减轻剥削、节约民力、与民休息的政策，而昭帝、宣帝在历史上都堪称明主，"昭宣中兴"与"文景之治"共享美名。

司马光评价历史人物，苛刻严厉，对汉武帝也毫不留情，但他对汉武帝识人的眼光还是肯定的，他在罗列了汉武帝种种过失之后，说他"晚而改过，顾托得人，此其所以有亡秦之失而免亡秦之祸乎？"